批判と挑戦——ポパー哲学の継承と発展にむけて★目次

装幀——戸田ツトム

批判と挑戦

——ポパー哲学の継承と発展にむけて

はじめに

カール・ポパーの思想、あるいは哲学についての一般の理解も最近ではかなり進んできたように思われる。ようやく数を増やしてきた翻訳書や研究書——ちかく、ポパー哲学研究会編『批判的合理主義』二巻も刊行される予定になっている——などによって、ポパー哲学に対する理解は深まりつつあると言ってもよい。だが、それにもかかわらず、世間で受け止められているいわゆる「ポパー哲学」なるものには、唖然とするほどの誤解や歪曲が溢れかえっている。ポパーは論理実証主義者であるとか、彼の科学哲学はクーンの哲学によって論破されてしまったなどというのは、半可通の戯言としか評しようがない。たしかに、お相手するのがばかばかしいようなものであっても、誤解は誤解、歪曲は歪曲として公的に指摘しなければ、いつまでたってもそれらは消えてはいかない。この点で、批判的合理主義者は、あまりにも楽観的にすぎたように思われる。

ここに集めた諸論考は、一九九九年七月に専修大学で開催されたポパー哲学研究会のさいのシンポジウムがもとになっている。そのときは、萩原能久氏、小林傳司氏そして小河原誠の三名が、日本におけるポパー哲学の受容を主題として意見を交わしたのであった。論は、受容史上の歪みから、丸山眞男との関連、そして市井三郎の創造的にして批判的な受容におよんだ。三名が、いそぎ議論の内容を練り上げて論文化するとともに、蔭山泰之氏がものされていた反証主義批判への反批判、および立花希一氏がすでに論じていたデュエム＝クワイン・テーゼと反証主義との関連の解明をまとめて成立したのが本書である。成立の経緯からすれば、受容史を論じた三名の論文を最初に配置して蔭山論文と立花論文をあとにまわすことが考えられたが、内容的にはこれら二氏の論文はポパー哲学に対する誤解をときほごす大きな力をもっているので、歪みを論じた小河原論文のあとに配置し、後続の萩原、小林論文のための地固めとした。そのほうがポパー哲学の力強さを捉えることができるのではないかと愚考したからである。

本書は、手前みそとしてそしられるかもしれないが、ポパー哲学に対する従来からの誤解や歪曲をただすとともに、ポパー哲学をこれまで間接的にしか知ってこなかった人たちに対して新しいイメージと魅力を提供するのではないだろうか。思想界や読書界のゆがんだ通念を白日の下にさらけ出し、それらをポパー哲学そのものと照らし合わせ、批判的検討に付すことは、思想の継承という点からしても当然の課題である。だが、本書はそれにとどまらず、前進のための探りも入れていると信じる。われわれとしては、このような仕事を通じて、わが国の思想界や読書界へいささかの貢献を果たしうるならば、さらにまた、これからポパー哲学を学ぼうとしている人たちへのささやかな贈り物ともなりうるならば、思いの一端を遂げることができるだろう、と信じたのである。

とはいえ、残された課題も数多い。われわれ自身が直面している諸問題を深く掘り下げ、根本的な対決を図ることはポパー哲学にとっての最大の課題であろう。遠く外国は、パリの、思想界のうわさ話についてのうわさ話の類をして、思想の営みとすることなどできない。われわれの現実に深く根ざした問題と根底的に対決するなかで、他の思潮とも対話を重ねることこそが、思想の生き延びにとっての王道であろう。本書は、あまりにも蕪雑としか言いようのない誤解を取り除くことによって、そのための準備をおこなおうとするものである。それはまた、本書に論文を寄せてくれた各執筆者の願いであったと思う。

＊　＊　＊

さて、冒頭におかれた小河原論文は、日本の文脈を念頭におきつつではあるが、意味の検証理論とポパーの反証可能性の理論についての――今日ではおよそ信じがたいとしか評しようのない――誤解（歪曲）、また、反証主義そのものや、帰納問題についてのポパー的解決への無理解などを扱っている。小河原はそれらを説明するために、交錯仮説なるものを提示し、それによって論理実証主義と批判的合理主義の根本的相違を明らかにしようとしている。

小河原によれば、戦前のポパー受容においてまともな理解へのきざしがあり、また、五〇年代から市井三郎による活躍があったにもかかわらず、批判的合理主義はその仮借なき批判のゆえに、あらゆる思想陣営から敵として、そしてたんなる論理実証主義者として歪曲されつづけたとされる。小河原は、それを戦後の日本思想界の特殊な状況から説明しようと試みるのみならず、とおく、ポパーの哲学がカント哲学に発し、二〇年代、三〇年代のウィーンで科学を問い直すときに経験主義的潮流と交錯し、帰納問題についての見解の決定的な相違をいわば転轍機として、一方は科学のみならず社会全体をも問い直す哲学の道を歩み、他方は意味分析の哲学、言語の哲学へと分化を遂げていったと主張する。

小河原は、この議論の延長上にポパーとクーンとのあいだでのパラダイム論争および日本におけるその紹介のされ方のみならず、ポパーのマルクス主義批判をも位置づけようという（いまだ実現していない）意図をもっているようにみえる。ただし、前者については、すでにナッターノがクーンの論理実証主義を暴いているし、本論文集においても蔭山論文がクーンに見られる正当化主義としての論理実証主義を批判している。こうした視点を組み込んでさらに議論を展開することが小河原の課題であろう。他方、ポパーのマルクス主義批判が決定論（ヒストリシズム）に対する批判であるのみならず、倫理的観点からの批判であることはここに繰り返すまでもない。決定論批判は、『開かれた宇宙』——この本はカントの継承・発展として読める——に明白であるし、倫理的観点からのマルクス主義批判にカントの影響を否定することもできない。しかしながら、小河原論文においてはこうした点の解明が、次稿送りとなっている。すみやかに仕事がなされねばならないであろう。

しかしながら、小河原論文に見られる不備は、蔭山論文と萩原論文がおぎなっていると見ることができる。論文の配列の都合上、萩原論文を立花論文の後に送ったので、ここではまず、二番目に登場する蔭山論文の重要な貢献に触れておきたい。（萩原論文を小河原論文につづけて読むことによって、日本におけるポパー受容史とそこに照らし出される学のあり方についてかなりまとまったイメージを受け取ることもできるであろう。）

蔭山論文は、ポパー哲学の基礎的理論である反証可能性の理論にかんしてこれまでに提起されてきたほとんどすべての議論を取り上げて整理するとともに、見事な反論を展開している。いままで、反証主義に対しては、反証は決して決定的ではないのだから、そのようなことを述べても科学の現実において何の意味ももちえないとか、存在言明や確率言明はそもそも反証不可能であるといった批判、さらにまた、反証の対象とされるのは特定の仮説ではなく体系全体であり、しかも反証逃れはいつでも可能であるのだから、反証主義は無効であるとか、観察の理論負荷性に立脚して理論を倒すのは反証主義が想定するような無垢の中立的な観察ではないといった批判が繰り返されてきた。蔭山論文はこうした批判のほかにも、批判的態度の消滅にこそ科学の成熟があるといったかたちでの反証主義への批判、また、科学史に立脚した批判も取り上げ、逐一みごとな反論をおこなっている。その過程で、蔭山論文は「第二のポパー伝説」を摘出して、ポパー批判の背後に潜む根深い誤解に光を当てている。しかしながら、蔭山論文は、反証主義に対する諸批判を非正当化主義の観点から統一的に把握し体系的な返答を与えている点できわ立っている。今後、ポパー哲学をその核心部分において批判しようとするものは、蔭山論文との対決を避けてとおることはできなくなるであろう。

つづく立花論文は、デュエム＝クワイン・テーゼを扱い、蔭山論文のホーリズムにかんする議論を詳論するとともに補強している。このテーゼは、反証にさらされるのは体系全体であるので、周辺部の仮説を調整することによっていつでも反証逃れをすることができるという主張として、つまり、ホーリズムのテーゼとして解釈されてきた。そして、そのような解釈に立脚してポパーを批判してきたのは、わが国では野家啓一氏であった。立花論文は、反証逃れがいつでも可能であるというホーリズムが真ではないことを明らかにすると同時に、反証というものが成立する状況を明らかにすることによって、反証主義の現実的有効性を解明している。さらに重要なことは、文献的調査に立脚して、デュエムもクワインも反証主義を否定するようないわゆる「デュエム＝クワイン・テーゼ」なるものを提唱しているわけではないこと、それどころか、クワインがポパーの反証主義を支持していることさえ解明している点である。立花論文によれば、いわゆる「デュエム＝クワイン・テーゼ」なるものを提唱したのは、ラカトシュであり、そしてラカトシュはポパーの哲学を歪曲したに過ぎない。立花論文は、デュエム＝クワイン・テーゼにまつわる誤解と、またそれによって引き起こされた思想史についての歪んだ理解を白日のもとにさらけ出している。ホーリズムによって反証主義が論駁されているなどという二重、三重に歪んだ説を述べるものは深刻な反省を迫られることになるだろう。

さて、萩原論文にいたって、話は、蔭山、立花論文とつづいた理論的考察から、日本におけるポパー受容史へと反転する。本論文は、わが国においてポパーの政治哲学が受けとめられてきた文脈を扱っている。氏は、ポパーの弁証法批判が、上山春平氏、茅野良男氏、また将積茂氏等によって論じられた文脈をたどりながら、ポパーの批判が「弁証法は演繹論理学ではない」というつまらない批判に矮小化され、思想のダイナミックな発展についての豊かな議論であることが見過ごされてしまったことを指摘している。氏自身は、ポパーの批判的方法を「ジンテーゼなき弁証法」として捉え、いまだ汲み尽くされていないゆたかな可能性を示唆する。ついで氏は、目を丸山眞男氏と世良晃四郎氏の対談に向け、ウェーバー受容との関連でポパーがどう評価されたかを論じている。萩原論文が描き出すのは、日本の思想界がペシミズムの思想家、「引き裂かれた思想家」に魅了され、思想の歴史性（歴史叙述者自身の歴史性）にこだわりつづけてきたという事実である。ポパーのオプチミズムは——ナチズムの悲惨をかいくぐって維持されてきたものであるにもかかわらず——日本の思想界のある部分において、内容ではなく、じつにペシミズムが足りないとして拒否されたのである。萩原論文は、これを日本の社会思想研究者たちに見られるアドルノ的ペシミズム好みと関連づけているわけではないが、意図せずして思想研究者の「バイアス」を抉り出している。だが、萩原論文はポパーとウェーバーそして丸山の思想の基本的同型性を指摘し、またそのなかでポストモダニズム克服の基本的論理を提示する。萩原論文は示唆するところ多い論文であるとともに、末尾に示されているポペリアンとしての自己批判の真摯さによって、思想を担うものの姿勢を問いただしている。

最後におかれた小林論文は、批判的合理主義の立場からマルクス主義や分析哲学を批判し、日本の現実が抱えている諸問題と真剣な哲学的対決を試みた市井三郎を論じている。氏によれば、市井三郎は本質的にポパー主義者でありながら、「思想の日本問題」と対決することによって、ポパー哲学に思想を繁茂させるための沃土をもたらすと同時に、それを突き抜けた。というのは、小河原が小林論文を理解するかぎりでは、市井は、科学技術が一方で豊かさを生みつつも他方で苦痛を大規模に増大させているというパラドックスを真っ向から受け止め、「科学的思考」の普遍性によって西欧社会を最良の社会とするポパーのイデオロギー性を明るみに出したからである。市井は、日本近世の革新思想におけるいい意味での折衷主義を手がかりとして、「思想の日本問題」を克服し、おなじく普遍的な価値の創出を目指しながらも、「科学的思考」の強権的呪縛を脱する道を探ろうとした。

小林論文は、その内部に論ずべき多々の問題をなお抱えつつも、日本にも、外来思想の崇拝に終わらず地に足をつけて哲学しつづけた思想家のいたことを証言している。しかも、そのような思想家がポパー哲学のなかから生まれでたということは、われわれに多くのことを示唆しているように思われる。小林論文とともに、われわれは市井三郎に多くの関心が寄せられ、正当に評価されることを願わずにはいられない。

＊　＊　＊

本書が講壇哲学的通念を批判的に捉え返し、独立の思想をはぐくもうとしている人びとの知的営為に少しでも貢献できることを念じて、行き届かぬところの多い挨拶を閉じたい。

二〇〇〇年四月

執筆者を代表して
小河原　誠

ポパー受容史に見られる歪みについて

小河原 誠

はじめに

いまは亡き市井三郎氏が次のように書いたのは、四〇年以前、一九五九年のことであった。[1]

> ……ポパーはヴィーン学団の初期から、その内部における異端的批判者でありつづけた。したがってわが国で現在、その学団の発展形態といえる分析哲学……が、かなり論議の対象となっているにもかかわらず、ポパーについては、彼の異端的な科学方法論やその帰結である社会実践論が、その論敵による多かれ少なかれ歪められたかたちでしか知られていない。

筆者は、「ポパーはヴィーン学団の初期から、その内部における異端的批判者でありつづけた」という認識は今日では訂正の必要があり、論理実証主義とポパーの批判的合理主義はたんに実証主義という枠組のなかでの内部対立といったものではなく、まったく異質な思想であると考える。とはいえ、市井氏の嘆きそのものは、今日においても依然として当てはまると思うし、同時に、われわれは貴重なものを見失いつづけてきたとも思わざるをえない。ポパー受容における誤解や歪みが現在でもひき続いていることは、ポパー研究者にとっては、まことに残念なことながら、認めざるをえない事実である。

しかしながら、ひるがえって考えてみれば、これは必ずしもわが国固有の事情といったものではないのであって、論理実証主義——とくに、カルナップなどよって代表される主流派——や言語分析の哲学、さらにはクーンやラカトシュ等の科学哲学が大きな影響力をふるった領域においては、多かれ少なかれ共通に見られる現象である。

とはいえ、一九六〇年代半ばには、英語圏においても、次に引用するような認識は、ある程度まで基本的に受け入れられていたのではないかと思う。

ポパーはウィーン学団のメンバーでは決してなかったのではあるが、緊密なコンタクトは保っていたのであり、そして彼の「論駁可能性のテーゼ」は、しばしば——たとえば、カルナップによって——検証主義的な意味の理論の修正版として解釈されてきた。彼は、「ちがう。原理上の検証可能性ではなく、原理上の論駁可能性が有意味性のテストであると言っているものとして読まれていたわけである。しかしながら、実際には、ポパーは「意味の問題」は真の重要性をもつことはないのであって、「有意味性の規準（criterion of significance）」を見つけようとする実証主義者の試みは、なんら肯定的な成果を産み出さないばかりか、まったく恣意的な規約の制定に到るだけだと考えていたのである。彼の念頭にあった論駁可能性は、意味の基準ではなく、科学とその類似物を区別する方法なのである。[2]

パスモアからの引用文は、「有意味性の規準」にかんする問題と「境界設定の基準」にかんする問題が英語圏にあっても六〇年代のころまで混同されていたことを証拠立てている。[3] しかしながら、日本においては、こうした「混同」や「境界設定の基準」そのものにかんする誤解は長く尾をひいたように思われる。とはいえ、「混同」や誤解のみが生じていたわけではない。市井氏の著作は言うまでもなく、一九六九年に発表された寺中平治氏の論文は検証理論の影響下にポパーの反証理論を解釈しようとする傾向を見せるものの、[4]「ポパーが反証可能性の原理を意味の検証理論というより、科学と形而上学との区分問題、さらには科学方法論の問題として出していることに注意しなければならないだろう[5]」という認識を示しているし、一九七二年の石垣壽郎氏の論文[6]はさらに正当なポパー理解を示している。また付け加えて、一九七四年には高島弘文氏の著『カール・ポパーの哲学』(東京大学出版会) 第一章第一節が境界設定規準と意味規準とのちがいをていねいに論述されていたことを指摘しておいてもよいだろう。

しかしながら、こうした業績があるにもかかわらず、わが国のポパー受容史においては、九〇年代の後半にいたってさえ、ポパー哲学のさまざまな側面にかんして、じつに嘆かわしいとしか言いようのない誤解――むしろ歪曲というべきもの――が繰り返されているのである。そうした歪みを測るうえで、パスモアが示している理解は興味深いひとつの尺度であろう。つまり、パスモア的水準にさえ到達していないようなポパー理解が、パスモア以降にも出現してきているとしたら、そこにはなんらかの歪曲が疑われても致し方ないということになるのではないか。さらに言うならば、この誤解なるものは少なくとも『科学的発見の論理』が出版された一九五九年以降はきっぱりと「歪曲」と呼んでさしつかえないものではないのか。

I　誤解、それとも歪曲、若干の例

いま、手許にある最近の書物から、そうした歪みを示していると思われる若干の例を挙げてみたいと思う。

1　渡邊二郎『英米哲学入門』（ちくま学芸文庫、一九九六年。原本は一九九一年に財団法人放送大学教育振興会から刊行された『現代哲学』）

渡邊氏は、ポパーがウィーン学団のメンバーでなかったことは認識しているが、基本的にはポパーを論理実証主義の流れのなかに立つ思想家として捉えており、ポパーがこの学団にたいする根本からの批判者であった点は認識していないようにみえる。

シュテークミューラーの論述(7)をふまえた渡邊氏の理解では、ポパーの反証理論は、「法則の全称命題」の問題を明らかにしたとされる。氏によると、ポパーは全称命題の検証の不可能性を明らかにし、帰納原理が「無意味な概念」であったことを明らかにしたという。[8]そして、「すべての白鳥は白い」[9]という全称命題にそくして「反証」を説明し、反証されないかぎり、もとの全称命題は維持されると解説する。そして、その後に、「存在肯定命題」——ポパーの「純粋存在言明」のこと——は反証できない[10]という話をして反証理論の「欠陥」を指摘する。つづけて、氏は次のように話を進める。

こうして結局、論理実証主義は、「完全な検証」や「完全な反証」が『余りにも強すぎる意味の基準』であることを認め、「もっと弱い基準」で満足せざるをえないことになり、……[11]

「完全な反証」ということばがポパーの反証主義にたいする完全な誤解を示していることはしばらく措いて、こうした引用文を見ると、検証とか反証ということは、「意味の基準」の問題圏にあると示唆されていると思わないわけにはいかない。氏は、第一に、ポパーの反証理論が「境界設定問題(problem of demarcation)」にたいする解答の試みであることを見て取っていない。(これは、一九七一～二年にはすでに邦訳されていた『科学的発見の論理』に目を通すだけでも十分に読み取れていたことなのだ。[13])そして、そこからの帰結なのであろうが、第二に氏は、純粋存在言明は反証できないことをもって不当にも反証理論の欠陥とされている。しかし、ポパー自身は純粋存在言明が反証不可能であることをはっきりと承認していたのである。引用しておく。

これと反対に、厳密な存在言明は反証できない。いかなる単称言明も（すなわち、いかなる「基礎言明」も、いかなる観察された事象の言明も）、存在言明「白いカラスがいる」を否認しえない。普遍言明だけが、単称言明と衝突しうる。それゆえ、さきに採用した境界設定の基準にもとづき、わたくしは厳密な存在言明を非経験的、または『形而上学的』なものとして扱わなければならぬであろう。……[14]

ポパーはこうした認識のうえに立って自らの方法論的反証主義を組み立てている。にもかかわらず、ポパーが認めている事実（出発点）を指摘することをもってポパーにたいする批判が成立すると考えるのは、通常の感覚では理解しがたいことである。[15] この種の言表をポパーにたいするまともな批判と見なすことはとうていできない。

2　冨田恭彦『科学哲学者、柏木達彦の多忙な夏』（ナカニシヤ出版、一九九七年）

冨田氏もまた有意味性の規準とポパーの境界設定規準を混同するという、論理実証主義的通弊のなかにいる。まず、ポパーの反証可能性を意味基準としている箇所を引用してみよう。

「……検証可能性の意味基準によれば、この文は無意味な文、本当は文でないものとなる。」

「……論理実証主義者は、このことを重大視して、ほかの規準を考えようとしたんだ。」

「そして、たとえば、反証可能性の規準が出てきたりするわけですね。」
「ポパーは論理実証主義者ではないが、……彼が出したのが、反証可能性の意味規準なんだ。[16]」

冨田氏は、紛れもなく反証可能性を意味基準の問題のなかに位置づけている。しかし、これはパスモアがすでにその誤りであることを明白に指摘していたところである。[17] さらに、ポパーの『科学的発見の論理』は、一九七一～二年に翻訳刊行されている。この本の新附録の*iにおいては、ウィトゲンシュタインの意味規準とポパーの反証可能性規準との相違が明快に論じられているし、次のようにも主張されている。

なぜなら、われわれの反証可能性の規準は、形而上学の無意味性を主張することなく（形而上学は歴史的観点からすれば経験科学の理論を生みだす源泉とみなしうる）、経験科学の理論体系を形而上学の体系（および約束主義的および同語反復的体系）から十分な正確さをもって区別するからである。[18]

ポパーは、あきらかに、形而上学を無意味として弾劾しようなどという意味規準の問題圏にはいない。彼は、意味の問題にはかかわり合うことなく、科学と科学でないものを区別しようとしただけである。冨田氏の本は『科学的発見の論理』の邦訳刊行から数えてもざっと四半世紀後に出版されているのであるから、この間の事情は十分に理解しえていたはずである。その後に訳出されたポパーの著作にざっと目を通すだけでも、反証可能性を意味基準の問題圏に位置づけるといった信じがたい過ちは十分に回避しえていたのではないだろうか。[19] なぜ、『科学的発見の論理』に目を通すという労を惜しまれる——こうとしか言いようがないと思われるのだが——のであろうか。冨田氏は、この誤解（?）のうえに純粋存在言明は反証不可能であるというおなじみのポパー批判をもちだす。くどいが、冨田氏の例にそくして、それを再構成するとつぎのようなパラグラフにまとめることができるだろう。

「常温で液体の、緑色をした金属が存在する」といった文は反証不可能である。しかるに、この文を無意味な文と考えるのはむずかしい。とすると、反証可能性は意味基準としては無効である。[20]

そして、論理実証主義者は一般に、有意味性基準でいわれている「有意味性」とは、「経験的意味」のことであると考える。[21] だから、ポパー的な境界設定規準としての反証可能性規準も、また、論理実証主義者の検証可能性規準も、同じ「意味」という問題を扱っているのだと決め込んでしまう。この考え方を、冨田氏の場合に当てはめると、「常温で液体の、緑色をした金属が存在する」といった文を無意味な文と考えるのはむずかしいので、「経験的意味」があるということになるのであろうが、冨田氏は本当にそう考えているのだろうか。「常温で液体の、緑色をした金属が存在する」とか「海坊主が存在する」といった純粋存在言明にも「経験的意味」があると本気で考えているのであろうか。もし冨田氏が、それら純粋存在言明にも「経験的意味」はないけれども形而上学的意味はあるのだと答えるのだとしたら、基本的にポパーと同じ路線に立つことになってしまうであろう。他面で、そうした純粋存在言明にも「経験的意味」はあるのだと考えるならば、言われている対象が観察されるべき時間や場所の限定を試みなければならなくなるだろう。それをおこなってこそ、科学の名に値する。つまり、純粋存在言明を観察可能な（反証可能な）基礎言明に変えることを科学は試みているのである。じっさい、ポパーは次のように述べている。（その個所は、先に注の（14）の引用文に続くものである。）

……私の見解に反論を加えるために、物理学においてさえ厳密な存在言明の形をとった理論があると（正当に）主張することができよう。化学元素の周期律から堆定しうるある原子番号をもった元素の存在を断言する言明がその一例である。しかし、ある原子番号の元素が存在するという仮説がテスト可能になるように定式化されるとすれば、純存在言明以外にずっと多くの言明が要求される。たとえば、原子番号72をもった元素（ハフニウム）は、単独に切り離された純粋存在言明によるだけでは発見されなかったのである。それどころか、それを発見しようとする一切の試みは、ボーアが彼の理論からの推論によってそれらのいくつかの特性を予測するのに成功するまでは、失敗したのであった。しかし、ボーアの理論、およびこの元素に当てはまり、その発見をもたらすのを助けた彼の理論の諸結論は、孤立した純粋存在言明とはまったく異なったものである。それらは厳密な普遍言明である。厳密な存在言明を反証可能でないという理由によって経験的言明とはみなさないとする私の決定が有益であり、かつまた日常的用法とも合致していることは、確率言明およびそれを経験的にテストする問題へのわれわれの理論の適用において確認されるであろう。

ともあれ、有意味性規準とポパー的境界設定規準との混同、あるいは純粋存在言明は反証不可能であるというポパー批判なるものは、ポパーの著作そのものを読んでいないことを示しているにすぎない。

3　竹尾治一郎『分析哲学の発展』（法政大学出版局、一九九七年）

竹尾氏は、ポパーの反証可能性の理論が有意味性の規準を示すものではなく、境界設定問題にたいする解答の試みであることをただしく捉えている。また、反証の論理的メカニズムについても狭いスペースのなかで要領よく説明していると思う。

しかしながら氏は、「ポパーは『科学の手続き』を示しているのだから、境界区分の定式化という目的から離れても、反証規準と検証原理とを比較することは正当で、大いに意味のあることであることが分かる[22]」と主張して、両者の比較をし、「反証規準に不利な点」として存在言明が反証できないこと、および、確率的言明が反証不可能になることを指摘している[23]。この指摘はしばしば見かける指摘であるのであとにも触れるが、問題は「反証規準と検証原理とを比較することは正当で、大いに意味のあることである」という出発点にあるように思われる。そもそも両者をこのような単純な仕方で比較できるのであろうか。氏自身が認めておられるように、「検証原理」は、すでに存在する言明の有意味性の規準として提出され、形而上学を弾劾する手続きとして使用されたのであって、「科学の手続き」として理解してよいのかどうかははなはだ疑問である。それに対して「反証規準」は「境界区分」の方法論的原理として提出され、知識の発展を問うための方法論的規準として提出されたのである。背後の問題が根本的に異なっているのであり、その点を解明することなく、検証と反証の非対称性とか、存在言明の反証不可能性を述べる議論をして、はたして両者を比較したことになるのであろうか。筆者は大いに疑問とせざるをえない。（第Ⅴ節での交錯仮説も参照されたい。）もし、検証と反証の非対称性という論理的に当然のことがらの指摘が両者の比較になるというのであれば、しかもそのときに「境界区分の定式化という目的」が見失われているのであれば、それは反証可能性を有意味性規準のなかに位置づけるという発想の枠内に囚われている証左であるように思われる。

4　池田清彦『構造主義科学論の冒険』（講談社学術文庫、一九九八年。原本は一九九〇年に毎日新聞社より刊行）

さて、いままでに扱った三者は主として有意味性規準と境界設定規準とにかんして特有の歪みを示していた。しかし、ここに取り上げる池田氏の理解は、反証可能性による境界設定そのものに、あるいはポパーの帰納法否定にかかわっている。にもかかわらず、氏の叙述においては、なんと反証と反証可能性の区別さえなされていない。次の個所を読んでいただきたい。

しかし反証主義を厳密に適用すると、実際にはかなりめんどうなことが起こります。たとえば、ニュートン力学はすでに反証されています……しかし、ニュートン力学は迷信だったとして、学校で教えられなくなったという話は聞いたことがありません。ですから反証という操作により、科学と非科学を分けるのは、かなりあやしいぞと思った方がよいでしょう。[24]

ところで、「反証という操作により、科学と非科学を分ける」ことを提案した哲学者がいたのであろうか。氏はポパーを念頭においているのであろうが、ポパーがそのような哲学者でないことははっきりしている。ポパーの原典を読まずとも、科学哲学関係のふつうの解説書を読めば、ポパーは反証ではなく反証可能性によって科学と非科学との区別をおこなったと大書してあるはずである。これは、解説書しか読まない人にも知られているごくありふれた知識に属すことであろう。ポパーおよび反証主義が試みてもいない区別に対して「あやしいぞ」という人のほうこそがよほど「あやしい」のではないだろうか。

ところで、この引用文の二つ前のパラグラフの冒頭で、氏は「反証可能性により科学とそうでないもの（宗教とか迷信）を区別しようとするポパーの考えは、……」[25]と述べていたのである。ところが、右の引用文では「反証主義を厳密に適用すると」、なんと反証可能性は、可能性としてではなく、反証そのものとして適用されるといっているわけである。反証可能性を厳密に適用したら、ニュートン力学に反証可能性があるかどうかという話にしかならないはずであるし、反証可能性があったからこそ、ニュートン力学は反証されたということになる。いったい、どのような頭の働かせ方をすれば、反証可能性は反証にすり替わり、そして反証可能性規準がニュートン力学を非科学とするという結論をひき出せるのであろうか。[26] 反証と反証可能性との混同などという、およそだれにも相手にされないような議論が堂々と公表されているのを見ると、驚きを通り越してただただことばを失うのみである。（本稿は、生じうるポパー誤解への警告として読んでいただければありがたい。）

さて、ニュートン力学が反証されたというのは、ポパー自身が認めているところであるが、彼はそれゆえに学校教育からニュートン力学を排除せよなどとは主張していない。ポパーは、反証された理論であっても現実に——当然、ある妥当範囲内において——使用できることを主張している。反証されたということは、その理論がいかなる領域においても使えなくなるということを意味してはいない。そのうえ、ポパーの理論をよく読むならば、ニュートン力学はむしろ反証されてしまっているからこそ、ある妥当範囲内において安心して使えるということにもなる。ニュートン力学のような反証可能性をもつ理論がある時点で反証されたというのは、その時点で歴史が刻まれたということ、換言すれば、反証の成立というかたちで全面的に真ではないというマークが押されたということであって、当該の理論がいかなる意味においても使用しえないということではない。むしろ、妥当範囲を明示されたような理論こそ、学校教育において教材として利用されるにふさわしいものであろう。

ところで、氏は、右記の引用文からも窺えるように、反証された理論は即座に放棄されねばならないというのがポパーの考えであると見なしているようである。氏にかぎらず、ポパーの反証理論をこのように捉えている者は、ラカトシュ[27]をはじめとして、数多い。それゆえ、ここではこの点についてポパーがどう考えていたのかをごくごく簡単に素描しておいてもよいだろう。

反証が生じたときには、理論が即座に放棄されるわけではない。代替となる理論がなければ、反証された理論が制限づきで維持されるであろうし、あるいは理論を修正する試みとか、補助仮説の導入といったことが試みられたりするであろう。[28]この、むしろ、常識といっていい反応があることを、ポパーが見落としているはずがない。ポパーが、反証、即理論放棄といった議論をしたなどというのは、あまりにもポパーという哲学者を見くびるものであろう。じっさい、ポパーは反証が生じる状況を次のように描いている。

この推論方式を用いてわれわれが反証するのは、言明p、つまり反証をつきつけられている言明、を演繹するために必要とされた体系の全体（その理論と初期条件と）なのである。したがって、体系のどれか一言明について、それがこの反証によって特定的にくつがえされるとか、くつがえされないとかは、断定的に主張できない。[29]

簡単に言えば、反証が生じたといっても、たとえば、初期条件が反証されただけで、理論の放棄は必要なかったということかもしれないのである。また次のようにも言われている。

反証を受け容れるかどうか、さらには理論を「放棄する」とか、あるいは修正するにとどめるとか、あるいは固執しさえするとか、また、なんらかの別な、方法論的に受け容れられるような問題回避策を見つけようとするかどうかは、典型的に推測とそしてリスクを冒すことがらなのである。……アインシュタインは一般相対性理論を偽と見なしたが、……その理論をたしかに「放棄する」ことはなかった。[30]

これらの引用文から十分に理解していただけると思うが、ポパーが反証、即理論放棄と考えたなどというのは、批判者の側の単純な思い込みにすぎない。ポパーにそのような単純な思い込みがないことははっきりしている。[31]反証が生じたと承認することは、反証の対象とされている体系――ひとつの文（言明）などではない[32]――に修正の必要が生じたことを認めることであって、それ以上ではない。

さて、話を転じて池田氏の議論で気になるもうひとつの点に触れておくことにしよう。それは帰納の問題についての氏の理解の仕方である。氏は、次のように主張する。

一回起性の出来事により普遍言明（すべてのカラスは黒い）を反証したり、しなかったりするためには、出来事から共通事実（カラスは黒い）を帰納できる事が前提になるわけです。すなわち、反証主義者は実は「一回起性の出来事には、あらかじめ共通な事実が含まれている」という帰納主義者の前提を、暗黙裡に正しいと認めているのです。[33]

氏が「一回起性の出来事には、あらかじめ共通な事実が含まれている」というぎごちない言葉で述べているのは、思想史の文脈では「自然の斉一性」の原理として論じられてきたものである。簡単に言えば、世界には法則性があるということである。氏は、この原理を承認しなければ、仮説を立てることさえできないといって、反証主義を批判しているわけである。

しかしながら、氏の「批判」は古くからあるきわめてポピュラーな批判なのであり、すでにポパーが一九三四年の『探求の論理』(『科学的発見の論理』)の第七九節で返答を与えていたのみならず、最近ではミラーが、帰納の問題についてのポパー的解決にたいするさまざまな批判を取り上げ返答したさいにも明快に論じられたものである。[34] ここでは、ポパーやミラーの考えの詳細に立ち入る必要はないと思うので、考え方の基本線だけをかいつまんで述べておくことにしたい。

ポパーは、自然の斉一性の原理はわれわれの住むこの宇宙の特性としての規則性を語っているのではなく、方法論上の要請(postulate)であると考える。しかしながら、この考え方は反証主義者を除いては十分に理解されてこなかったようである。それゆえ、理解上の要点と思われることがらを述べておこう。

まず、自然の斉一性の原理を宇宙それ自体が有している特性と考えるとどうなるか。つまり、この原理が経験的な主張として考えられるのであれば、この原理は明らかに偽である。というのも、ある法則があったとして、それが反証されたときのことを考えてみよう。法則は、言うまでもなく、宇宙の斉一性の一側面を述べていたわけであるから、それが反証されたということは、まさに宇宙の斉一性が反証されたということである。自然の諸過程には一様性があることを主張する斉一性の原理は、法則とか理論が反証されたときに反証されたことになる。しかし、それにもかかわらず自然の奥深いところには斉一性があると主張されたなら、それは、経験的主張というよりは、形而上学的信念になってしまうであろう。

では、そのように、つまり、自然の斉一性の原理を形而上学的信念と考えたときにはどうなるであろうか。ポパーは『探求の論理』を書いた一九三四年の時点では、「他の形而上学的問題にたいする私の態度と同様に、われわれの世界における規則性の存在についての信念にたいし、私は賛成または反対の議論を差し控える[35]」と書いていた。しかし、ポパー自身は少なくとも『探求の論理』への補遺となる『ポストスクリプト』の第二巻『開かれた宇宙――非決定論の擁護』を書いた時点以降では、明らかに非決定論者なのである。非決定論者にとっては、自然の斉一性といった原理を受け容れることは難しいのではないか。というのも、この原理は、世界は同じことを永遠に反復している、――それゆえに、帰納が可能になる――、要するに世界が決定論的であることを要請しているように思われるからである。ところが、ポパーは次のように主張しているのである。

> この世界が唯一無二であると、つまり、相互作用し合うさまざまな過程がユニークな仕方できわめて複雑に――おそらく無限に複雑でさえある――組み合わさったものからなると信じるべき理由は十分にある。それでもわれわれは、この唯一無二の世界を普遍的な理論によって記述しようとする[36]。

世界に生じている過程はユニークな過程であることと、それを「普遍的な」理論によって把握しようとすることとは、少なくとも、世界、つまり、実在そのものに斉一性があると主張することによっては調停できないだろう。とすると、このような文脈においてこそ、自然の斉一性の原理をどう捉えるかという問題が決定的重要性を帯びてくる。

さて、ここで大事なのは法則についてのポパーの考えである。彼は、「自然法則が時空にかんして不変であるべきだと、そしてまた自然法則には例外があってはならないと要請されるなら、それは、自然法則についてのわれわれの定義の一部なのである」(37)と考える。この考え方からすると、われわれの原理は法則を定義した時点で同時に自然の斉一性の原理を方法論的に立てたことになる。つまり、この原理は「法則の定義（概念）」を別なかたちで述べたものにすぎない。もっと強く言うと、ポパーの言う「法則の定義（概念）」と自然の斉一性の原理とは、概念分析上同じものだということである。この点をポパーは次のように述べている。

方法論的観点からすると、自然の斉一性の原理はここで空間および時間の両者にかんする自然法則の不変性の要請によって置き換えられることがわかる(38)。

ポパーにとって、自然の斉一性の原理とは方法論的要請でしかないのであって、実在についての形而上学的信念といったものではない。定義というものは、本来的には唯名論的であるのだから、形而上学的信念などになれるはずがない。もっとも、定義とは別に、いかなるものであれ形而上学的信念をもつことは自由ではある。ここに見られるポパーの思考を思い切って次のような会話にしてもおそらく許されるだろう。

A　世界は混沌としているかもしれないが、法則を探そうじゃないか。

B　しかし、肝心のその法則ってどんなものなの。

A　世界のどこにおいても当てはまる規則性を述べる言明だよ。これは僕の定義だがね。

B　定義するのは勝手でしょうが、世界の側がそのような規則性をもっているという保証はあるの。保証がなければ、探したって無意味じゃないの。

A　保証なんかなくても、かまわない。ともかく、探そうというわけ。

B　見つからなければ、壮大な無駄というわけね。ご立派なお覚悟だこと。しかし、本当は、いままでに見つけることができたから、今度も見つかるというように帰納的に考えているのでしょう。

A　ちがうよ。今度も見つかるという保証もないと考えているんだ。ヒュームも言っているが、そうした保証があると論証することもできないんだよ。（ただし、ポパー自身は、世界は完全に混沌としているわけではないという形而上学的信念（非決定論）はもっている。）

B　それじゃ、宝物があるのかどうかもわからないで、宝さがしをするようなものじゃない。宝があると考えるのはご自由ですけど。

A　たしかにね。しかし、探さなければ、宝があっても見つけることはできない。一種の賭だね。

Ｂ　ともかく、宝がどんなものであるかは定義上、知っているというだけなのね。

この会話はさらに続けていくことができるが、もはや要点は明らかであろう。ポパーは世界が決定論的であろうが非決定論的であろうが、あるいは、世界それ自体に斉一性があろうがなかろうが、法則という宝さがしをするために宝がある（つまり、世界に規則性がある）と方法論的に要請しているだけなのである。ここで言う「宝がある」という主張は存在言明であって、まさに形而上学的言明である。ポパーは、その方法論的考察においては、この言明が真であるとか偽であるといっているのではなく、宝さがしをするためにこの種の言明を要請するといっているだけなのである。

ところで、この種の要請をするとどのようなことになるか。それは、ポパーが与えた法則についての定義からの帰結を考えることに等しい。ここでも簡単に言うと、法則は一般的に全称言明の形（「すべての……は～である」）をとる。こうした意味での法則は論理的には純粋非存在言明（「～でないような……は存在しない」）に書き直すことができる。純粋非存在言明はある種の出来事の生起を禁止している。したがって、禁止されている出来事が生じるならば、純粋非存在言明すなわち全称言明の形をとった法則言明は反証される。要するに、法則は、概念分析上、反証可能性をもつということである。この考えと、法則言明を実証することはできないという主張を結びつけるならば、法則を探すことは、厳しい反証の試みに耐え抜いている法則を探すことに等しい。なぜなら、法則とは、定義上、時空間のあらゆるところで例外なく妥当するものであるとしたら、反証されてしまった法則なるものは法則ではないということであり、まだ反証されていないものに取り替えられねばならないことになる。そうでなければ、自らの定義に忠実でなくなってしまうからである。

ここまでの議論を池田氏にたいする批判としてまとめておこう。氏は、自然の斉一性の原理を実在についての原理的主張——おそらくは、形而上学的信念というレベルにおいてであろうが——とのみ考えて、反証主義者が方法論的要請にすぎないと主張していることを完全に無視している。非決定論者でありながら、この原理を方法論的に要請している論者のいることなど想像もできなかったのであろう。しかし、そのような論者とは、ほかでもない、池田氏が批判しようとした当のポパーなのである。

ところで、氏は、帰納主義的議論をもち出すとはいえ、たしかに全面的に帰納主義者であるわけではない。氏は、反帰納主義的議論もしているので、その点に触れておく必要がある。とはいえ、そこからひき出される結論は氏にとって有利なものではない。この点に触れる理由はただひとつ、ポパーがどう理解されたかという本稿の主題にとっての資料とするためである。

氏は、科学の理論は説明範囲の狭い特殊な理論からより包括的な一般理論へと「進歩」するという帰納主義の説を批判するために、「事実」はそうではないことを「示した」というブラウンの『科学論序説』[39]から、ケプラーの第三法則とニュートンの天体力学の関係についての議論を引用している。[40]その要点は、知識はケプラーの第三法則からニュートンの天体力学へとなめらかに累積していったのではないということ、それどころか、両者は端的に矛盾するということなのである。この点はすでにデュエムによって指摘されていた。[41]ご存知の読者も多いと思うが、ブラウンという人物は、ポパーの反証主義のごとき「古い」科学哲学をのりこえた「新科学哲学」の旗手として、わが国でも一時期もてはやされた人物である。ところが、引用個所で述べられている内容は、なんとポパーがすでに一九五七年に述べていたことを、簡略化しながら、ほぼ字義どおりになぞっている代物なのである。この点について「まさか」と思われる読者は、池田氏が引用している個所とポパーの『客観的知識』[42]の邦訳二二七〜八ページをぜひひき比べてもらいたいと思う。ブラウンがおこなったことは何かを「示した」ということではなく、せいぜいのところ、議論の「借用」でしかない[43]。池田氏の理解では、帰納主義的な知識累積説を批判したのは「新科学哲学」のブラウンということになるのであろうが、「事実」は異なる。帰納主義（累積説）を批判したのはブラウンではなく、デュエムであり、そしてポパーである。

次には、ブラウンの書物の訳者の一人である野家氏の著作に目を転じて見よう。

5　野家啓一『クーン』（講談社、一九九八年）

この書物における野家氏の議論には疑問を感じる箇所が多々あるが、ここでは「誤解」であることを比較的簡単に指摘できるものをひとつ取り上げておこう。野家氏は、ポパーに触れながら次のように主張している。

「中立的言語」とは観察事実を純粋に記述する言語であり、論理実証主義が依拠した感覚与件言語や物言語がそれにあたる。ポパーもまた、反証理論の基盤としてそのような「基礎言明」の存在を認めている。その点では、ポパーは「理論と観察の二分法」を論理実証主義からひき継いでいるのである。[44]

野家氏は、この主張そのものをクーンからひき継いでいるのだが、要するに、ポパーは観察の理論負荷性を見落としている、と主張している。

しかしながら、野家氏のこのような主張が、もしポパーの『科学的発見の論理』を読んだうえでの発言であるとしたら、「歪曲」と言わざるをえない。この点については筆者は自力で立証する必要を感じない。一九七三年に『科学的発見の論理』の書評を発表した――ポペリアンではなく――マルクス主義者の秋間氏は次のように述べていた。

> 経験科学の認識は、観察や観測や測定などのデータにかんする単称言明から「帰納による一般化」をとおって全称命題へすすんでいく、とするカールナプらの実証主義・帰納主義を、ポパーは真向から批判する。理論に先行しているとでもいった「純粋な」観察などというものは、ないし、ありえない。科学は、観察もしくは資料の収集とともにではなく、いつでも問題とともにはじまる。そして、――アインシュタインの仕事に印象的に示されているように、――大胆な着想と推測とにもとづいて、その問題の解決という意味をもった試案がつくられ、学界に提示され、観察などをつうじて冷静に注意ぶかくテストされる、という道をすすんでいく、とポパーは論じる。ポパーでは、このように、認識過程における観察などの位置・役割の把握がカールナプらのばあいとはまったくことなっているのである。[45]

秋間氏はポパーとは立場を異にしているとはいえ、理解すべきものは理解すべきものとしてきちんと押さえている。秋間氏は、ポパーの哲学においては「純粋な」観察というものがその理論構成からしてありえないこと、また、ポパーがすくなくともカルナップなどの論理実証主義者とは異なった路線に立っていることを明確に理解している。この理解と較べたとき、「『理論と観察の二分法』を論理実証主義からひき継いでいる」といった野家氏の主張がいったいどこからでてくるのか、筆者は理解に苦しむ。帰納法論者ならば、「理論と観察の二分法」という枠組のなかにいるかもしれない。しかし、ポパーは帰納法論者ではないし、「中立的言語」による観察事実の純粋な記述といったことは、どう少なく見積もっても、一九三四年の『探求の論理』以来、否定していたところである。

じっさい、『科学的発見の論理』第五章末尾に付された「追記（一九六八年）」では、第五章の誤解された点として五点が挙げられているが、そのうちの第三、第四点で、「純粋な観察命題はけっして存在しない」ということと、「観察は理論によって貫かれており、問題および理論によって導かれる」という主張が明記されている。野家氏は、「ポパーは『理論と観察の二分法』を論理実証主義からひき継いでいる」という主張をたてようとするならば、まずもってポパーのこの「追記（一九六八年）」がポパー自身の「自己誤解」であるとか、「実質的な自説の修正」であると論じておかねばならなかったはずである。しかしながら、筆者自身にはそのような論証が可能であるとは思えない。ポパーの「サーチライト理論」と「バケツ理論」とを思い浮かべてみるだけでも[46]、それは不可能であるように思える。野家氏のポパー理解は、秋間氏が示した二五年以前のポパー理解の水準にさえ到達していない。(しかし、野家氏の議論はパラダイム論争との関連で扱われなければならないだろう。)[47]

Ⅱ 「探求論理學序説」に示されたポパー理解

さて、以上に触れたような歪みは、わが国においては戦後が落ち着きを見せ始めたころから存在していたように思われる。しかしながら、奇妙なことに、わが国におけるポパー受容の最初の試みと思われるものにおいては、そうした歪みを排除する可能性をもった正当な理解へむけての手がかりが提供されていたのである。またさらに、一九六三年に刊行された市井三郎氏の『哲学的分析』を見れば、そこには第二節で触れたような歪みをただす力をもったポパー理解が示されている。こうした事実を念頭におくと、わが国におけるポパー受容史は実に奇妙な経過をたどったとしか言いようがない。まず、ポパー受容史の最初のページに目をむけたい。

受容史の巻頭を飾るのは、吉岡修一郎氏の手によって「探求論理學序説」として訳出されたLogik der Forschung の第一部、つまり、第一章と第二章(ただし、カントからのモットーは訳出されていない)ではないかと思われる。これは、中村克己他編『ヴィーン學團　科學論理學』(日新書院、一九四四年一一月)にカルナップやメンガーなどの論文といっしょに収録されている。資料紹介もかねて、まず、この書物の概要に簡単に触れておきたい。

奥付をみると、この本は昭和一九年一〇月二五日初版印刷で同年一一月一日初版発行（五〇〇〇部）となっており、特別行為税相当額四〇銭が加算されて売価五円四〇銭となっている。戦時下でこのような書物がよくぞ出版されたものだという思いを禁じえない。ともあれ、この本の目次の大きな項目だけでも転記しておこう。

はしがき
科學的認識――ヴィーン學團の見解――（中村克己）
新論理學（Karl Menger）（平野智治訳）
記号論理學序説（Walter Dubislav）（吉岡修一郎訳）
記号論理學の体系（Rudolf Carnap）（平野智治訳）
多値命題論理學の哲學的考察（Jan Lukasiewicz）（伊藤誠訳）
論理學とその基礎的問題（Jan Lukasiewicz）（伊藤誠訳）
探求論理學序説（Karl Popper）（吉岡修一郎訳）
論理學、数學、及び自然認識（Hans Hahn）（篠原雄訳）

この本は、基本的にウィーン学団と「科學論理學」――今日、ふつうに記号論理学と呼ぶもの――の紹介を試みた書物であるようで、ポパーの「探求論理學序説」が収録されていることが、むしろ、不思議なように思われる。(48)（ハーンの論文も、科学方法論的な問題を扱っているといえなくもないが。）「はしがき」を見るとポパーは、ウィーン学団の一員と見なされていたように思われる。このあたりにも、ポパーを論理実証主義者とする誤解を発生させるひとつの原因があったであろう。とはいえ、この「はしがき」においては、ポパーは次のように位置づけられている。

　以上の諸論文で科學論理學の純粋に形式的な理論的部門が示されるのにつづいてPopperの「方法論理學序説」*でかうした論理學の諸科學への方法論的應用の方面が説かれます。(49)

ここにも明らかなように、ポパーの議論は方法論の世界に位置づけられている。けっして意味の問題圏には位置づけられていない。この点は、ポパーは意味基準を考えていたという日本では五〇年代ころから発生してくる誤解を念頭に置くとき、しっかりと確認されておくべき重要な点であろう。

さらに、この邦訳には、二ページほどの吉岡氏による「譯者まへがき」（三一三〜三一四ページ）が付記されている。それを見ると、帰納法による法則が絶対的確実性をもつものではないこと、そして絶対的確実性の追求よりも、認識の進歩が科学論や真理論の根本問題になるという「ポパー理解」が示されている。

　一つの歸納的法則が否定（或いは修正）される可能性があるといふことは、法則が進歩し得ることであり、また検査されうることを意味する。検査され得ない法則は實證科學にとつてそもそも意味を持たない。して見ると、否定（又は修正）される可能性のない命題といふものは、科學的研究にとつて意味がない……[50]

この「譯者まへがき」は、ポパーが当初、どのようにとらえられ紹介されたかを示す貴重な文献であるので、その点がもっともよく現われていると思われる最終パラグラフを引用しておきたい。

ポッパーは、従来の多くの學者に現れた帰納法問題、確實性要求の問題に關する議論を、類別的に詳しく點檢し解析して、その各々の弱點を明快に指摘し、更に、前記の最後の點について新しい観點を明示している。これは、現在の所、科學方法論、真理問題の聰決算であり、新方向である所のものを、最も平明に而も獨創的に解き示している、と言つてい丶だろう。[51]

これを見るとポパーが非常に高く評価されていると同時に、「意味」の哲学者としてではなく、科学の方法を問題にしている科学哲学者であることが明快にとらえられている。そしてまた訳出された部分も、境界設定規準（Abgrenzung）が問題になっている箇所なのであるから、それを裏づけるものとなっている。

しかしながら、吉岡氏が示している認識が、当時どの程度の範囲において共有されていたのかは筆者にはよくわからない。すでに勝敗の帰趨は定まっていた戦時下において、しかも五〇〇部の書物がどの程度の影響をふるったのかは、筆者には把握しえないところである。しかしながら、こうした書物が出版されていたという事実、そしてまた、それを支えた研究者集団が存在したという事実は、少なく見積もっても、学会（おそらく、記号論理学関係——時間があれば詳しく調べたいと思っているが——）の一部において、ポパーについてのまともな認識が生まれるための種はまかれていたということであろう。しかしながら、事情は複雑である。戦後において論理実証主義が導入・紹介されてくるなかで、ポパーの思想は、はなはだしい歪曲を被ったように思われるからである。五〇年代から六〇年代初めのころの状況に注目してみたい。

Ⅲ　ポパー理解における歪みの歴史的経緯

この時期は、論理実証主義についての紹介・導入が進んだ時期であり、またマルクス主義との対立が鮮明になっていった時期である。ポパー理解という観点からするならば、エアの『言語・真理・論理』（吉田夏彦訳、岩波書店、一九五五年、原著初版は一九三六年、ただし人名表記は「エイヤー」となっている）、中村秀吉『論理実証主義とマルクス主義』（青木書店、一九六一年）、市井三郎『哲学的分析』（岩波書店、一九六三年）および大森荘蔵氏の議論が見落とせないように思われる。

1　エア

エアの『言語・真理・論理』は、第一章が「形而上学の除去」と題されていることからも明瞭に窺えるように、初期の論理実証主義のラディカルな側面をよく伝えている。しかし、ポパーがこの文脈で紹介されたことは、不幸なことであった。ポパーは「形而上学の除去」など意図してもいなかったからである。しかしながら、以下ではエアによるポパー紹介の文脈を再構成しながら、反証可能性がどう扱われているかという点に注目してみたい。

形而上学の弾劾は、ノイラートの起稿したウィーン学団の宣言文である「科学的世界把握」やカルナップのハイデガー批判に著名であるが、エアは次のように述べている。

我々が形而上學者を糾弾するのは、……彼が、その下においてのみ文章が字義上の意味をもちうるような条件を無視した文章を作るからなのである。(52)

そしてエアは、弾劾をおこなうための規準として、検証可能性の原理をもち込んだわけである。

しかしながら、ポパーを形而上学弾劾という文脈で紹介するのはあまりにもポパーを歪曲するものである。彼は『探求の論理』の第四節では、正当にも、形而上学がむかしから非経験的なものとして定義されてきたことを指摘し、それに「無意味」とか「ナンセンス」と言ったことばを投げつけるのは、形而上学の価値をおとしめようとする意図に発していると言っていたのである。彼は形而上学の弾劾者などではなく、科学にとって形而上学がもちうる意義の重要性を積極的に承認する者であった。

この「反形而上学的」試みとは反対に、われわれの課題は、形而上学の克服ではなく、経験科学を目的にかなった仕方で特徴づけること、換言すれば、「経験科学」ならびに「形而上学」という概念を定義することにある……[53]。

ポパーにとっては、形而上学的言明も最初から有意味なのであり、彼にとってはそれを弾劾することではなく、ただそれらを科学とは区別することだけが問題であった。論理実証主義者とは意図したところが根本から異なっていたのである。

ところでエアにとっては、有意味性の規準としての検証可能性の原理が捉えようとしている意味とは、たしかに事実的な意味であり、経験的な意味であった。ここには、あきらかに、ポパーの反証可能性と通じ合うものが含まれている。また、それだからこそ、有意味性の規準と反証可能性規準との志向の決定的な差が見落とされ、両者が奇妙な混同のなかに投げ込まれていってしまったのであろう。じじつ、エア自身はポパーに言及しながら、反証可能性規準をこの文脈で扱っている。

我々はまた、《文章は、経験によってはっきり（definitely）反駁せられうる（confutable）ものを表現している場合、そしてその場合にのみ、事實上有意味であるということにしよう》という示唆を受け入れることも出来ない[54]。

この引用文にそくして議論を始める前に、「文章」と訳されている語について一言コメントをつけておかなければならない。この原語は'a sentence'であり、現在ではふつうには「文」と訳されるものである。このコメントを重箱の底をつつくようなものとあざ笑う人がいるかもしれないが、ポパーの反証可能性はその定式化においては、言明の体系である理論およびその連関が対象とされていたことを思い出すならば、けっしておろそかにはできない重大な誤解であることを思い知るべきである。この点は、以下の叙述で明らかになるはずである。

さて、エアがここで述べている「反証可能性規準」は、'definitely confutable'という強いことばが使われていることからもうかがえるが、「完全」反証理論を指すものとして理解されてきた。そしてエアは、この理論は簡単に挫折すると指摘する。しかし、それは、純粋存在言明の反証不可能性の指摘ではなく、当該の仮説以外に反証の原因が求められる可能性の指摘であり、反証の不確定性を指摘する議論となっている。(そして、この議論は、エア自身が認めているように、検証それ自体の不確定性の議論にもなってしまうのであり、自説を批判しているに等しい。)煩を厭わず、当該の箇所を引用しておく。

仮説は、それが決定的に検證されえないと同様にまた、決定的に反駁されることも出来ない。なぜなら、與えられた仮説の偽である證拠として一群の観察をあげる場合、我々は一定の条件の存在を前提しているからである。そしてどんな場合でも、この前提が間違っているということが、――ほとんどありそうもないようにみえるかもしれないが――論理的に可能なのである。(55)

この「決定的に反駁されることも出来ない（cannot be conclusively confuted）」という箇所が、ポパーは「完全な」反証を考えていたのだという誤解の根源になったのではないかと思われる。しかし、これはポパーの反証理論にたいする無理解を示すものでしかないだろう。というのも、ポパー自身がまさにエアの議論を先取りするように、完全な反証の不可能であることをはっきりと認めていたからである。

> ……その体系の支持しえないことが論理必然的に証明されるまで、それを擁護することこそ自分の課題だと思う者は、われわれの意味で経験的探求者として振舞ってはいない。なぜなら、じっさい、たとえば実験結果を信頼の出来ないものと言ったり、あるいは実験結果と体系とのあいだの矛盾は見かけだけのもので新しい洞察によって除去されると主張したりすることはいつでもできるわけだから、体系が支持できないことの必然的な論理的証明は決して獲得されないからである。……経験科学において厳格な証明〔あるいは、厳格な反駁*1〕を要求する人は、よりよいものを経験することによって啓発されることも決してないだろう。[56]

ポパーは、「厳格な証明」という箇所に一九五九年の英語版で「つまり、厳密な反駁」と語を補ったさいに注をつけて、完全な反証が不可能であることを明言しているにもかかわらず、完全な反証を主張したと誤解されたと述べている。エアは一九三〇年代初頭にはウィーンに留学したことがあるし、また、『言語・真理・論理』は一九三六年に刊行されたものであるのだから、一九三四年の

『探求の論理』は十分に検討できていたはずなのである。

さらに注意しておくべき点がある。それは、先に触れたエアの'a sentence'にかかわる。ポパー自身は、「境界設定規準としての反証可能性」と題した第六節で、境界設定規準を次のように述べていた。

さて、やはり『経験』によってテストされうる体系のみを経験的として承認することにしよう。このような考察からは、境界設定規準としては体系の検証可能性ではなく、反証可能性を提案しようという考えが生まれてくる。換言すれば、われわれは、体系が経験的 - 方法的な道をつうじて決定的に肯定されることを要求しはしないが、しかし、その体系が、その論理的形式からすれば、方法的テストの道をつうじて否定されうることは要求する。経験的 - 科学的体系は経験において挫折しうるのでなければならない。[57]

この箇所を引用したのはほかでもない。反証の対象とされているものが、'a sentence'ではなく、体系——'system'——であることを確認しておきたかったからである。エアは、'system'と'sentence'を混同するという許されざる行為をしているのである。

ここで取り上げたエアの書物が一時期、論理実証主義についての標準的な教科書として扱われていたことを思うと、彼の議論はポパーの理論にたいする誤解を生む土壌をつくったと言えるであろう。しかし、それはまた、ひとりポパー哲学に対してのみでなく、ポパー哲学の枠を超えて思想史をただしく理解しようとする営みそのものにも負の遺産を残したことになろう。

大森氏もまた、ポパーの反証理論を有意味性規準の文脈におくという誤解のなかにいる。

2　大森荘蔵氏

然し、これは完全検証理論の致命的欠陥だと考えられ、理論を変更する努力が積み重ねられてきた。まず、ポパーによって提案された「完全反証理論」(complete falsifiability theory)がある。全称命題は有限個の検証では完全な真理性が確かめられないが、唯一回の反証でもその偽であることは完全にいえることから、命題Sの否定Sが有限個の検証命題に内含されるとき、Sを有意味だとするのである。然し、肯定否定、全称特称、選言並立、等の或対称性から上にあげた難点に対称的な難点が起こってくる。即ち、今度は、特称命題が無意味となり、無意味な命題Bと有意味な命題Aとの並立「A且B」が有意味となる。又、有意味な全称命題の否定が、特称命題であるがために無意味となる。[58]

この引用文にも明らかなように、大森氏は、ポパーが「完全反証理論」を提案したというエア以来の誤謬をひき継いでいる――おそらく氏はポパーの著作そのものにあたることはしなかったのであろう。さらに、反証可能性の基準が適用される対象を「全称命題」としているが、これもやはり、'system' を 'sentence' としたエアの誤謬の延長上にある。[59] くわえて氏は、純粋存在言明は反証不可能であるゆえに無意味な言明となり、これはポパー的理論の欠陥であると言う。しかしながら、すでに引用文まであげて指摘しておいたように、ポパー自身はこの点を当然のこととして承認したうえで、自己の理論を展開していたのである。問題は、純粋存在言明は反証不可能であるなどと得々として指摘することにあるのではなく、その先に進むことにあったはずである。大森氏は、ポパーにたいする批判を展開しようとするなら、反証不可能な言明をそのようなものとして区別することがなぜまずいのかを積極的に論証すべきであったと言えるだろう。(60) 問題はまさにそこにこそあったのだから。

3　中村秀吉氏

ここでは、中村氏の論文「理論の検証」(『思想』一九六〇年七月号)に現われたポパー理解を取り上げてみよう。これは、市井氏の論文(「科学方法論と社会的実践」『思想』一九五九年九月号)のあとで執筆された論文なので、先に取り上げるのは時間的に前後するが、とりあえずポパー誤解の系譜を明らかにしておきたいので、お許しいただきたい。中村氏もまた反証可能性を有意味性規準の文脈で捉えるという枠組のなかにいる。

> つぎにポッパーの考えを有意味性の基準として理解した場合の、問題の命題の否定が有限個の基礎命題から論理的に導出されることを要求する完全反証可能性の基準である。……しかし存在命題を無意味にするという欠点を有する。(61)

中村氏はここで、「有意味性の基準として理解した場合の」と言っているが、ポパーはそうは理解できないと主張していたのである。にもかかわらず、氏は堂々とそれを無視している。無視しないで、ポパーの主張しているところをもう少し丁寧に聞いてみれば、自己の見解をより深いところから反省してみる機会があったものを、中村氏はみずからそれを拒否している。氏もまた、論敵を「……主義者」と「規定」してそのなかで自己満足するというマルクス主義的通弊のなかにいたということであろうか。ともあれ、氏もまた、ポパーにおいて「体系」とされていたものを「命題」としてしまうという誤り、およびポパーが「完全」反証可能性の基準を主張していたという同じくエア譲りの誤謬を重ねている。しかしながら、わずか五ページのちの一五六ページでは次のように述べている。

……ポッパーが一つ一つの命題ではなく科学の理論体系全体をとらえてその検証を問題にしたのは、彼の論理実証主義に較べた長所であるが、現実の科学理論はその〔原文のママ〕簡単にただの一例で決定的に反証されるというものではない(62)。

この引用文では、ポパーが問題にしたのは、「科学の理論体系全体」であるとはっきり言われている。とするならば、中村氏は五ページ前での自己の発言とのちがいをしっかり考え直して見るべきではなかったのか。それをおこなっていたなら、理論体系全体の反証においては、「有意味性」が問題になっていないことに気づき、そこから反証可能性を有意味性の基準とは見なしえないことにも気づきえていたのではないだろうか。おそらく、そうなりえなかった原因は有意味性規準と反証可能性という方法論的規準とを混同していたからなのであろう。じっさい、中村氏は、最初の引用文では、「ポッパーの考えを有意味性の基準として理解した場合」とあっさり述べていた。しかし、氏は、一九五九年の『科学的発見の論理』を読んだうえでこの論文を書いているのであるから、ポパーがまさしく「有意味性の基準として理解」されることを拒んでいることを知っていたはずである。[63]不可解としか言いようがない。おそらく、二つの規準のちがいを明瞭に把握しえなかったということなのだろう。じっさい、中村氏の次のようなポパー批判はこの点を明らかにする。

……ポッパーは彼の区分原理を経験科学を他の領域から区別するための約束設定として、完全反証可能性が現実にはかならずしも満足されていないという困難を逃れようとするのであるが、この約束設定の思想が彼の批判する便宜主義の考えであることはさておいて、反証可能性なる約定を規準にして科学の本質（彼はこの言葉を嫌うが）、とくにその発展の様相が的確に捉えられるであろうか。……しかし理論や法則の価値は反証可能性の程度が強まれば強まるほど高まるのではなく、現実世界をより正しく、より広く反映することによって高まるのである。ポッパーの区分原理はこの真理性の側面を直接扱わないことによって、むしろ彼の嫌う、理論ないし命題の科学的有意味性の基準にしかすぎなくなっている。[64]

中村氏は、反証可能性が方法論的約定であることの意味を把握しているようには思われない。ポパーの規準は、中村氏は混同しているのだが、いわゆる約束主義におけるような科学内の諸概念についての約束であるのではなく、科学者の行動規則であるのだから、現実の科学者がなん人かその規範に反しているからといって無効であると宣言されるような性質のものではない。交通違反者がたくさんいるからといって、（よほどの悪法でないかぎり）道路交通法を廃止すべきであると主張する人はいないであろう。しかし中村氏は、この規範的問題と「完全反証可能性が現実にはかならずしも満足されていないという」事実的問題とを混同しているように見える。中村氏は、ポパー的規準を有意味性規準と混同するとき、科学的言明群のなかに、たとえて言えば塗り絵で赤と青とに塗り分けるための境界線のようなものを求めているように思われる。そのような境界線は科学的言明群の静態的な論理分析にはふさわしいのかもしれないが、反証を通じてのダイナミックな知識の変動を扱うにはまったくふさわしくないものであろう。静態的な論理分析をおこなうための有意味性規準と知識の変動を扱うための方法論的規準はおのずとその性格を異にする。

さらに、中村氏は、「理論や法則の価値は反証可能性の程度が強まれば強まるほど高まるのではなく、現実世界をより正しく、より広く反映することによって高まる」と言っているが、反映度の尺度が必要になるはずであるから話は逆で「反証可能性の程度が強まれば強まるほど……現実世界をより正しく、より広く反映する」のではないだろうか。筆者は、反証可能性についての中村氏の理解に疑義をさしはさまざるをえない。また、ポパーの規準が真理性の側面を扱わないというのは、ポパーにたいする無理解を示すものでしかない。ポパーの対応説的真理観や真理への接近説は——

成否はともかくとして――あまりにも有名である。

また中村氏は、ポパーによる帰納法の扱いに不平を述べている。仮説が生まれてくる経緯を扱わないのは不可知論であると言っている[65]が、これはポパーの認識論が方法論であることを理解していないひとつの証拠であろう。ポパーが方法論の立場に立つかぎり、心理的意味での認識の生成過程を扱うはずもない。

中村氏は、以上のような誤解や批判のほかにも、マルクス主義との関連でポパーにたいする批判を試みているが、それについては節を改めて論じたい[66]。

ここでは、中村氏が'system'と'sentence'との混同、純粋存在言明を無意味とする誤り、有意味性規準と反証可能性規準との混同、そして方法論への無理解という冨田氏にまでひき継がれていった誤謬のなかにいることを確認しておけばよいであろう[67]。

Ⅳ　ポパー理解の要点――市井三郎氏の理解

さて、前記三氏の無理解を含むポパー批判とは異なって、市井氏はその著『哲学的分析』で分析哲学とポパー哲学について丁寧な紹介をしている。そこに示されているポパー理解は、ひとつの時代的制約をのぞけはきわめてまっとうなものである。筆者が考える「時代的制約」とは、市井氏がポパーを論理実証主義の内部における「一異端者」と捉えるという、まことに残念な知的枠組のなかにいたということである。筆者の考えでは、ポパーは「一異端者」などではないし、その批判的合理主義は論理実証主義とは根本から異なったまったく別の思想的潮流に属している。一方は非正当化主義のなかにおり、他方は正当化主義のなかにいる。しかし、両者の決定的相違が明確に認識されてくるのは、六〇年代のころからであり、市井氏の著書においてそれが反映されていなかったことはある意味でやむをえなかったことである。

しかしながら、ここではまずもって市井氏のまっとうなポパー理解を示しておくべきであろう。それは、当然のことながら、彼が有意味性規準と反証可能性規準をどう捉えたかという点に焦点を結ぶべきである。

1　有意味性の基準

市井氏は検証可能性の原理を丁寧に扱ってはいない。つまり、検証可能性の原理それ自体がまさにこの原理そのものによって無意味となることを指摘して、この原理を議論することにはほとんど価値がないことを示している。つまり、市井氏は論理実証主義主流の観点とは異なった観点から、この派の発展史を見つめ、その発展史のなかにポパーを位置づけることができないことを示そうとしている。氏は、簡単にまとめると、ラッセルの階型理論や記述理論のなかに論理実証主義の源流を認めてそれを紹介しながら、論理実証主義の基本テーゼを説明し、ラッセルの記述理論への批判者としてのストローソンやライルの議論にまで筆を進める。これは論理実証主義の発展のなかからいわゆる分析哲学が生成したことを考えると順当な紹介の仕方であろう。(68) つまり、市井氏は論理実証主義をラッセル以来の経験主義および言語分析という思想史のなかで捉えているのであり、それによってポパーを「一異端者」として位置づけるための伏線としているのである。

市井氏の理解によると、そもそもウィーン学団はその綱領において次の三点を掲げていたとされる。

（1）諸科学の概念や命題が、経験の直接与件に還元しうることを明らかにすることによって、諸科学を統一科学となしうるような基礎づけをおこなう。（2）すべての形而上学的問題や命題が、経験与件に還元しえないことを明らかにして、それらが無意味であることを論証する。（3）以上二つのことが、記号論理学を適用した論理的分析的方法によって、初めて決定的におこないうるにいたったこと。[69]

これらのテーゼのうちの第二のテーゼと検証可能性の原理が深いかかわりをもっていることは言うまでもない。形而上学の無意味性を立証しようとするこのテーゼが挫折したことは今日のわれわれにはすでに明白なことである。市井氏は、カルナップの『世界の論理的構築』（一九二八年）の論理的原子論が放棄され、『言語の論理的構成法』（『言語の論理的構文論』）（一九三四年）における「質料的用語法」と「形式的用語法」との区別によって、論理実証主義の再定式化がなされ、有意味性規準にかんしてより柔軟な姿勢がとられるにいたり、さらにそれが検証度にかんする確率的理論へと発展していったという理解を示す。そして、当然のことながら、この文脈においては、ポパーの反証理論へ言及することさえしていない。これは、市井氏が、ポパーの反証理論が反形而上学の旗印としての有意味性の規準といった文脈にあるのではないことをはっきりと理解していたからであると思う。

2　「純粋存在言明」の反証不可能性

市井氏は、ポパーの科学論の紹介にかなりのページを費やしている。ポパーの帰納法否定の議論をただしく紹介したうえに、ライヘンバッハやカルナップの「確率論理学」にも正当な批判を加え、また中村秀吉氏のポパー誤解もただしている。(70)

さて、市井氏は、そのような議論のあとで、科学性の規準を論じ、そこで反証可能性の理論を取り上げる。そこは、有意味性規準の文脈などではないのである。また、市井氏は、この理論が「探求者の守るべき守則」にかかわるものであることを正当に指摘している。(71) 反証可能性規準が、方法論的規準であることをただしく捉えているのである。

市井氏は、「守則」としての観点から、「純粋存在言明」の反証不可能性の問題を扱っている。氏は、「あらゆるガンをすべて治し、かつ副作用のまったくない化学薬品が存在する」という純粋存在言明を取り上げて、これが反証可能でないことを指摘したあとで、次のように言う。

　しかしそうだからといって、このような信念が科学約認識を促進させない、ということにはかならずしもならない。むしろこの例からわかるように、科学者の探究を促進する信念のなかには、それじたい、表白すれば科学的認識とはいえないものが豊富にある。しかしわれわれは、この両者の区別をよりよく自覚することが望ましいのだ。

以上のように、「科学性」の規準を「反証可能性」におくのは、不当に「科学」を狭めるものだ、という反論が当然ありうると思う。……さきの命題そのものを、「反証可能」でないという理由だけで科学から追放することはできない、という反論には一般に訴える力がある。しかしわたしは、「ガンを治す薬品」の例で説明したように、「追放」ではなくて「区別」の必要を主張する……[72]

市井氏による「純粋存在言明」の反証不可能性の取り扱いは、ポパー自身の考えをよく捉えたものであると思う。元素の存在を述べているだけの存在言明についてのポパーの考え[73]と同じように、「守則」は存在言明として出現している言明を、もしそれを科学の内部に入れたいなら、反証可能な言明となりうるように努力すべしと命じるのである。じっさい、ポパーは、「追放」と「区別」ということばを使っていたかどうかは別問題として、「純粋存在言明」の反証不可能性をこそみずからの理論の出発点としたのであった。しかしながら、本稿の第一節でも何度か指摘しておいたように、この点は批判者にはまったく理解されていないのである。彼らの理解をただすためには、『科学的発見の論理』を読むことを勧めるよりも、つぎの常識的な点を考えてもらったほうがよいであろう

批判者のすべては法則などの普遍言明が反証可能であることを認めている。ところで、ポパーの「純粋存在言明」はそうした普遍言明を否定したところに生じる。(簡単な例は、「すべてのスワンは

白い」という言明を否定すると、「白くないスワンが存在する」という「純粋存在言明」が生まれる。ついでながら、ポパーの言っている「純粋存在言明」は、論者によって「存在言明」とか「特称言明」などと呼ばれている。）しかし、もっとも常識的に考えるならば、反証可能性という性質をもっている普遍言明を否定するならば、それのもっている性質も否定されて、つまり、反証可能性も失われると考えてよいのではないのか。そして、じっさい、その常識どおりのことが生じている。つまり、普遍言明に反証可能性を認めるならば、論理的に言って、「純粋存在言明」には反証可能性はないと認めねばならないのである。ところが、批判者たちは、普遍言明の反証可能性を認めつつ、この常識的な事態をとくとくと指摘してポパーを批判したかのような顔をしている。しかし、考えてもみてもらいたいのだが、反証可能性の理論家がこの常識的な事態を知らないでいると指摘することのほうがはるかに非常識なことであろう。筆者は、批判者たちがこの非常識に気づいたならば――当然、気づいてしかるべき性質のものであるのだから――この指摘をもって批判とすることを撤回していただろうと思う。「純粋存在言明」の反証不可能性を指摘すること自体は、すでにポパーが指摘していたことの繰り返しにすぎない。まして、それをもって反証可能性の理論が挫折したなどと主張することは、ポパーが自らの理論の出発点としたところにさえ立たないということであろう。彼らは市井氏の説明もポパーのもともとの理論も無視して話を進めたとしか言いようがない。

市井氏のポパー理解はまっとうなものであった。しかしすでに見たように、それが日本の思想史において確固たる位置を占めたとは言えない。ここにはいろいろな事情が考えられるであろうが、おそらくは、日本におけるアカデミズムのあり方（弟子を量産できる人とそうでない人との相違）

まで含めて考えねばならない問題が含まれているにちがいない。

市井氏に話を戻せば、彼はポパー哲学の主張する科学の科学たるゆえんを批判に求める立場を受け入れ、とくに反証可能性を科学性の重要な柱とする観点から、当時のマルクス主義との緊張関係のもとで独自の歴史哲学を展開していったように思われる。しかし、それはおそらく別の文脈で論じるのがふさわしいことがらであろう。

V　交錯仮説

なぜポパーは誤解され歪曲されつづけてきたのであろうか。答えはいろいろ考えられるだろうが、[74] 第一に指摘されるべきは戦後の思想界の状況がひき起こした——必ずしも日本にかぎったわけではないが——歪みではないかと思う。戦後しばらくのあいだ、思想界はマルクス主義、実存主義（およびドイツ観念論）、そして論理実証主義（ここには、分析哲学とか科学哲学も含められる）とのあいだでの三つどもえの競争——強い言葉を使えば、抗争——状態にあった。そのなかで、ポパーの批判的合理主義は、『開かれた社会とその敵』に明白なように、一方においてマルクス主義を徹底的に批判し、また、他方で、ヘーゲル哲学については言うまでもなく、ハイデガーに見られるようなナチス的実存主義もはげしく糾弾していた。[75] これによって、ポパーがマルクス主義の側からも実存主義の側からも容易に「敵」として認識されたことは間違いない。彼は、状況に強いられて「論理実証主義者」として規定されてしまった。しかし、ポパー自身は、論理実証主義の主流派を形成していたカルナップ、ヘンペル、ライヘンバッハを批判していたのみならず、やがて言語哲学の主潮流をつくるようになるウィトゲンシュタイン哲学も徹底的に批判していた。この明白な事実があったにもかかわらず、彼は、せいぜいのところ、論理実証主義内における「異端者」として扱われるにとどまったのである。ここには、論理実証主義の主流派のほうがアメリカという大国を戦後において背負っていて声が大きく、また大森氏のような主流派の紹介者がポパーに対して主流派的観点から批判者ポパーに対して歪曲的に不当な位置を割り振ったということもあろう。この扱い方、つまり、ポパーを多少異質ではあるとはいえ論理実証主義者としてひとくくりにしてしまうという扱い方は、考え直されるどころか、むしろ強化された節がある。というのは、論理実証主義というのは、その初期の段階においてノイラートにみられるような強烈な社会哲学的志向と実践(76)を除けば、見るべき社会哲学はもっていなかったのであり、したがって戦後の思想界においてマルクス主義と張り合っていくにあっては、自分たちの科学哲学——今日から見ればあまりにも貧弱な——を超えて、ポパーに見られるようなより立ち入ったマルクス主義批判を必要としていた。つまり、論理実証主義は、状況のしからしむるところ、好むと好まざるとにかかわらず、また個々の執筆者の主観的判断を超えて、ポパーを同盟者のうちに数えざるをえなかったのである。ポパーは他陣営からのみならず、論理実証主義の側からも「実証主義者」のラベルを貼られたわけである。これがポパー哲学の理解に歪みをもたらしたことは、すでにその一部について触れておいたように、言うまでもない。

またこれに加えて、フランクフルト学派に見られるように一九六〇年代に勃興してきた——マルクス主義の最後の輝き?——ネオ・マルクス主義者が、「ポパーは実証主義者である」というすでに生じていた状況を利用して、このんでポパーを実証主義者呼ばわりしたことも指摘されてよい。彼らは、ポパーに対して「実証主義者」という蔑称的ラベルを貼るだけで、彼の信用を失墜させ、批判がすんだかのような幻想に浸り、ポパーの徹底的なマルクス主義批判を回避したように思われる。これもまた、知的退廃のひとつの姿であったのだろう。しかし、彼らのそのような宣伝が、ポパー哲学のまともな理解を妨げる障害物のひとつとなったことはたしかである。

こうした外部的要因を数え上げていくときには、当然のことながら、ポパーが交わしたフランクフルト学派とのいわゆる「実証主義論争」とかクーンとの「パラダイム論争」にまで立ち入った言及を必要とすることになるだろう。それは、換言すれば、批判的合理主義を中心として二〇世紀思想史の一齣を描き出すという大きな課題となろう。しかし、筆者にはいまのところ、そのための十分な準備はないので、ポパー哲学がなぜ誤解されつづけたのかという点を説明するための仮説——しかもその輪郭にすぎないもの——を簡単に述べるにとどめておきたい。

そのとき、筆者としては言語分析の哲学とポパーとの関係について一言ことばを費やしておかざるをえない。ポパーは、意味分析の哲学あるいは概念分析の哲学（日常言語学派）にたいする徹底した批判者である。それは、内在的にそうであると同時に外在的にもそうである。内在的な観点から言えば、ポパーは、ウィトゲンシュタインに代表されるような、言語の誤用にたいする治療としての分析哲学がいかにして発生し、そして挫折せざるをえないのかを解明している点において、紛れもない批判者であり、外在的な観点から言えば、哲学はわれわれ自身を含む世界を理解する問題としての宇宙論（cosmology）であるという立場に立つかぎりで、言語分析に跼蹐する分析哲学者への徹底的な抗争者である。ポパーはウィトゲンシュタインを根本から批判するのみならず、意味分析の哲学者たちの哲学のやり方そのものをその根っこから掘り崩し、そして剥き出しにされた根っこを焼き尽くすほどの批判をしていたのである。(77) しかし、ポパーのこうした立場は、言語分析の哲学者たちにとっては、まことに我慢のならないものであった。しかし、ポパーが論理実証主義者であって、しかもその論理実証主義はもはや過去の哲学であって、片づけられた思想であるというならば、彼らはポパーの批判を無視することができるわけである。彼らにとってもポパーが論理実証主義者であることは好都合なことであった。そして、意味分析の哲学者たちが講壇哲学のかなりの部分を占拠したことは間違いないのであって、それによって彼らに都合のよい思想史の構図が流布されたこともまた、ポパー哲学の理解にとっての妨げとなった。

言語分析的哲学が、そうした一種の自己満足——欺瞞——的な立場を維持していたについては、彼らの思想内容により立ち入った説明が可能である。この点についての現時点でのもっとも優れた説明仮説のひとつはバートリーに見出すことができる。かれは、「ポパー哲学収穫の秋」と題された論文の第二四節で、ウィトゲンシュタイン的哲学圏の展開を九段階にわたって描写し、同時にこの種の哲学が知的には破滅の瀬戸際に立っていることを論じている。(78) ここでその議論の詳細に立ち入ることは控えるが、バートリーの議論の根底にあるのは、この種の哲学は、帰納の問題を解きえなかったということであり、したがってまた科学の方法を描き出すこともできず、「生活形式」という言葉で象徴されるような個別的活動領域についての無批判的な記述的聖化に埋没していったという認識である。彼の見るところ、帰納の問題を解けないということは、帰納を基礎としているとされる科学そのものが非合理なままにとどまっているということである。そして、科学が用いている方法が、それ自体としては正当化されえないのであれば、科学およびそこでの中心的方法を用いて他の分野の営みを批判することはできなくなる。そこからして、さまざまな個別的分野は、それ独自の存立の根拠——これはただ記述されるのみであるとされる——をもち、しかも、なんらかの統一的方法によって共通の土俵にのせられることもないという、やがてはパラダイム論にまで連なっていく主張が生まれてくる。しかし、帰納の問題についてはポパーによって、そもそも帰納は存在しないという根本的な解決が与えられていた。とすれば、彼らの哲学は根本からして知的破滅の危機にさらされていたことになる。しかしながら、彼らは自らの危機に対して、目をそむけつづけていた。彼らにとってポパーは過去の人であらねばならなかったし、せいぜい取り上げるにしても、反証可能性の理論に言及すればいいのであって、この理論が帰納の存在しないことを主張しているといったことは断じて無視しなければならなかったのである。(この議論は、ポパー哲学による正当化主義批判の議論と組み合わせて、近年におけるポスト・モダニズムにたいする批判に高めることができるが、ここでは触れない。)

さて、こうした歴史的経緯はことこまかに描き出さなければおよそ説得力をもちえないものであろう。しかし、そうした仕事は思想史について一書を仕上げるに等しい。いまの筆者にはとうていそのような力量はないので、ここではバートリーの説を補強しうるような仮説——自分では「交錯仮説」と呼んでいるもの——の輪郭を述べておきたいと思う。

筆者は、論理実証主義（およびその後裔）と批判的合理主義との対立は、直接にはバートリーの指摘するように、帰納の問題をめぐって火を噴いているという認識に同調する者であるが、さらにそうした対立のバックグランドもまた考慮に入れなければならないと考える。筆者の見るところ、一九二〇年代にマッハの影響を受けて成立したとされる論理実証主義は、感覚的印象を基礎とする経験主義的（あるいは現象主義的）哲学の枠組みのなかにあったのに対し、ポパーの批判的合理主義はあきらかにカント哲学の流れのなかにあった。[79] 思想のあり方も伝統もそして問題圏も根本的に異なるこのふたつの思想潮流が、一九二〇年代末から三〇年代にかけて、主としてウィーンを主要舞台として、科学とそうでないものとの問題をめぐって交錯したところに、誤解と歪曲、そしてその後の疎遠な関係——バートリー的に言えば、断絶——が生じたというのが、筆者の交錯仮説の基本的内容である。この仮説は、もちろん、年代を追って展開されるべき性質のものであるが、そうした仕事については後日を期すことにして、ここでは両者の対立を捉えるための基本軸の設定を試みておきたい。以下の表はその素描であり、研究の過程でより詳細な限定が付されねばならないが、とりあえずの対抗関係を示すことはできるであろう。

	論理実証主義	批判的合理主義
伝統の淵源	イギリス経験論	カント哲学
伝統的問題	観念の連合心理学的分析	知識の妥当性
哲学的影響者	ラッセル、ウィトゲンシュタイン	フリース、ネルソン
基本の哲学的方法	感覚要素への還元主義	非還元主義
帰納	容認、帰納論理学の展開	存在しない
形而上学に対して	弾劾排斥	プログラムとして積極的に容認
有意味性規準	検証可能性	規準をたてること自体が無価値
境界設定規準	検証可能性	方法論的規準としての反証可能性
分析対象	静態的に捉えられた科学理論	知識の発展メカニズム
知的態度	記述的、専門家向き	批判的、公衆向き
社会哲学	見るべきものはほとんどなし	開かれた社会の哲学
哲学の基本	正当化主義	非正当化主義

このような比較表はさらに拡張して多くの領域について作ることができるであろうし、個々の理論のちがいにまで踏み入れば、さらに詳細なものになろう。

ところで、こうした比較表を見てただちに気づくのは、両者の全面的対決とでも評せるような決定的な相違である。これだけの相違を目の前にしては、ポパーを論理実証主義内の異端者と捉えることはとうていできないであろう。しかしながら、こうした相違がはっきりと認識されるようになってきたのは、八〇年代のころから、あるいは早く見積もってもパラダイム論争や実証主義論争の後においてではないかと思われる。

さて、筆者の交錯仮説では、両者がウィーンにおいて交錯したところに、誤解の発生源があったということになる。そして、その交錯の具体相は、ひとつには本稿で主として扱った意味規準と境界設定規準との混同というかたちで現われていた。それは、おそらく次のように要約できるであろう。

ポパーは、カントの問題たる境界設定を反証可能性の観点から解こうとしたとき、形而上学を無意味として弾劾しようとしていたのではなかった。しかし、論理実証主義者は、ラッセルの記述理論や、ウィトゲンシュタインの「哲学の課題は言語の明晰化にある」という教説の影響を受けて、形而上学的言明を無意味として排斥する方向に突っ走っていた。ポパーの反証可能性規準は、反証を通じての知識のダイナミックな発展を分析するための方法論的規準であった。論理実証主義者の検証可能性規準は、すでに静態的に存在している言明群を有意味と無意味という引き出しのなかに分類するための弁別規準にすぎず、知識のダイナミズムを分析しようとするものではなかった。ポパーは反証可能性の原理を基礎にすえてそのうえに、科学者たるべき者の行動規範、すなわち、科学の方法論的諸規則を制定しようとした、ある意味での道徳（規範）的哲学者であった。たいするに、論理実証主義者は言明を有意味と無意味とにわける自然的な徴表を見出そうとしたある意味での自然科学者であった。この交錯のあとでは、ポパーの哲学が知識の成長を問題にする哲学であることがますます明瞭になり、他方で、論理実証主義は、旧来の連合心理学による観念の生成についての分析ではないとはいえ、先祖帰りにも似て、言明を標的とする日常言語分析の方向に向かったことも明白になった。しかしながら、このように志向を異にしているにもかかわらず、二つの規準はあきらかに言明の「経験的意味」を問題にしているものとして解釈されうるものであった。ここに、誤解が発生する源があった。時代背景もまた、科学的世界観を要求し、科学の「科学性」を問いとして前面に押し出していたし、この問いは両者に共有されていた。二つの規準は、まさにその問いにたいする答えとして捉えられたときに、両者の背景の相違は塗り消されてしまったのである。

他方で、交錯のもうひとつの相は、「帰納の問題」の把握の相違である。論理実証主義者にとって、「帰納の問題」とは現に存在する帰納をいかにして正当化するかという問題であったのにたいし、ポパーにとっては、そもそも帰納が存在しないことを論証し、そのうえに科学方法論を築くことが問題であった。これは、経験主義者とカント主義者の相違として表現することもできるだろう。いずれにせよ、ここには明々白々たる交錯が存在している。論理実証主義者の目には、ポパーの議論は、帰納の正当化という問題にたいする答えにはまったくなっていない。他方、ポパーにとっては帰納の正当化の問題に固執している哲学者は擬似問題にとらわれているにすぎない。そして、この対立軸は、現在にまで及んでいる。(80)

さて、問題は、再度言うが、この交錯が三〇年代を超えて戦後の思想展開においてどのような姿をとったかを描き出すことであろう。それは、言葉を換えれば、批判的合理主義が、帰納を捨てたところに築いた科学方法論によりながら、マルクス主義およびフランクフルト学派を批判し、他方で言語分析の哲学に対峙し、またクーンのパラダイム論やその後の「新科学哲学」と対決していった具体相を描き出すことである。しかし、この課題については、そしてまたその後につづく批判的合理主義の展開については、後日を期すことにしたいと思う。

（1）市井三郎『哲学的分析』岩波書店、一九六三年、二六八ページ。ただし、この箇所を含む論文は、一九五九年に発表されていた。

（2）John Passmore, *A Hundred Years of Philosophy*, Penguin Books, second edition, 1966, p. 406f.　第一版は一九五七年。「第二版への序」を見ると、第二版ではポパーについて相当の加筆があったようである。すると、第一版との相違点が関心をひくが、筆者は、第一版は未見。

（3）反証可能性の基準を有意味性の規準と見なした場合と、境界設定規準と見なした場合の相違点については、ポパー自身がコメントをつけている。『科学的発見の論理』第二一節注*1を参照されたい。

（4）寺中平治「認識」（小松摂郎編『現代哲学』法律文化社、一九六九年、所収、一五五ページ）。

（5）前掲書、一五六ページ。

（6）注（67）を見よ。

（7）W. Stegmüller, *Hauptströmungen der Gegenwartsphilosophie*, Kröner, 1975(Erste Aufgabe 1960?), S. 397ff.

（8）ポパーは、全称命題という一個の文を対象としていたのではなく、「体系」を標的としていた。「文」とする誤解は、エアや大森氏の誤解に起因する。この点は、本稿におけるエアや大森氏についての議論を参照されたい。また、ポパーは「帰納原理が『無意味な概念』であったことを明らかにした」というよりは、それが存在しないことを明らかにしたと言うべきであろう。少なくとも、この文脈では「無意味」という語は誤解を呼び起こしかねない。

(9)この例では、トートロジー言明と間違われやすいので、経験的言明が問題になっていることを少しでもはっきりさせるために「すべてのスワンは白い」といった例にしたほうがよかったであろう。

(10)拙著『ポパー』講談社、一九九七年、第三章第五節を参照されたい。また、以下の第四節第二項での議論も参照されたい。

(11)渡邊二郎『英米哲学入門』ちくま学芸文庫、一九九六年、三〇四ページ。

(12)以下におけるエアにかんする叙述でのポパーからの引用などを参照されたい。

(13)注2、3なども参照されたい。

(14)ポパー『科学的発見の論理』(大内義一・森博訳、恒星社厚生閣、一九七一年)、第一五節、八四ページ。

(15)以下の第四節第二項での議論も参照されたい。

(16)冨田恭彦『科学哲学者、柏木達彦の多忙な夏』ナカニシヤ出版、一九九七年、一七八〜九ページ。一六八ページには、「……一つは、検証可能性の意味基準、もう一つは反証可能性の意味規準だ。「ただし、あとの方は、カール・ポパーの説で、……」といった記述もある。

(17)2、3なども参照されたい。

(18)『科学的発見の論理』三八三ページ。L. Sc. D., p. 314.

(19)境界設定規準を意味規準と取りちがえてしまうというこの誤りについては、本文でも触れた高島弘文『カール・ポパーの哲学』を参照していただきたいが、森博「社会科学における科学主義と〈歴史主義〉」『東北大学教養部紀要』第二号(一九六五年三月)第二節注一〇にも詳しい。

(20)前掲書、一八一ページ。また、以下の第四節第二項での議論も参照されたい。

(21)大森荘蔵「意味と検証」『現代の哲学2 分析哲学』有斐閣、一九五八年、一〇六ページ。

(22)竹尾治一郎『分析哲学の発展』法政大学出版局、一九九七年、八五ページ。

（23）確率言明を反証可能にするには、方法論的規則が必要であるというのがポパーの基本の考えである。蔭山泰之「算出可能性の原理」『ポパーレター』（Vol. 9, No. 2, esp. p. 29, 注42に対応する本文）および本書における氏の論文を参照のこと。

（24）池田清彦『構造主義科学論の冒険』講談社学術文庫、一九九八年、三七ページ。これと似た話は、池田清彦『構造主義生物学とは何か』海鳴社、一九八八年、二四七ページにも見られる。そこでは、反証主義は科学理論の変転（転換）を説明できないとされている。これもよく見られる誤解の例だが、ここでは取り上げない。

（25）前掲書、三六ページ。

（26）ついでながら、氏が「反証可能性という操作」（三六ページ以下）とか「反証という操作」（前記引用文）という奇妙な日本語を使用していることも指摘しておきたい。氏の考え方では、反証と反証可能性は同じ操作という範疇に属すらしい。しかし、反証可能性は、ポパーの場合、言明体系に内在している性質として考えられている。性質がどうして操作になってしまうのであろうか。反証子を引き出す論理的導出をおこなう操作というのであれば理解できないことではない。しかし、そのようなことではなさそうである。現にある操作をおこなうこと（たとえば、反証実験）とそのような操作の可能性があるということとは、常識ある人間はふつうには区別しているところである。氏は、この表現の代わりに、「反証（実験）という操作をおこなう操作可能性」とはっきり書くべきではなかったのか。おそらく、ここにも反証と反証可能性を混同するのと同じ過ちが潜んでいるのであろう。

（27）ラカトシュを反証主義者と見なすことはできないであろう。本書、立花論文を参照のこと。

（28）この当然のポパー解釈とでも言うべきものは、ポパーの継承者のひとりと目されているミラーにも見られる。David Miller, *Critical Rationalism*, Open Court, 1994, p. 10.

（29）『科学的発見の論理』第一八節末尾。L. Sc. D., p. 76.

（30）K. R. Popper, *The Philosophy of Karl Popper*, Open Court, 1974, p. 1009.

（31）詳しくは、本書、蔭山論文参照のこと。

（32）反証が生じたならば、反証されたものがただちに放棄されねばならないといった思い込みが生じたのは、おそらく、ポパーは反証の標的とされるものとしてひとつの文（a sentence）を考えていたなどというエアに起因する信じがたい誤解にもとづくのかもしれない。注54での引用文にかんする本文での議論も参照せよ。
(33) 前掲書、三八ページ。
(34) David Miller, *Critical Rationalism*, p. 15f.
(35)『探求の論理』(『科学的発見の論理』) 第七九節。L. Sc. D., p. 253. 一九五〇年代に書かれたポパーの『ポストスクリプト』第二巻『開かれた宇宙』(小河原誠・蔭山泰之訳、岩波書店、一九九九年) においては、非決定論が主張されている。
(36) ポパー、小河原誠・蔭山泰之訳『開かれた宇宙』岩波書店、一九九九年、五八ページ。
(37)『科学的発見の論理』、三一四ページ。L. Sc. D., p. 253.
(38)『科学的発見の論理』、三一四ページ。L. Sc. D., p. 253.
(39) 野家啓一他訳『科学論序説』培風館、一九八五年。
(40) 池田清彦『構造主義生物学とは何か』海鳴社、一九八八年、二四六〜七ページ。
(41) ピエール・デュエム、小林道夫他訳『物理理論の目的と構造』勁草書房、一九九一年、第二部第六章。
(42) 森博訳『客観的知識』木鐸社、一九七四年。この本とブラウンの本の邦訳刊行年に注意すべきである。
(43) ブラウンは、ポパーへの言及をおこなっているから、「盗用」などということではない。念のため。
(44) 野家啓一『クーン』講談社、一九九八年、二三二ページ。
(45) 秋間実『科学論の世界』大月書店、一九七四年、三三四ページ。傍点は小河原による。
(46) バケツ理論については、村上陽一郎『新しい科学論』(講談社ブルーバックス、一九七九年) にも言及がある。しかし、サーチライト理論についてはなんら言及されていない。これへの言及がなされていたならば、議論はもっと明確化されただろうというのが、この本への筆者の読後感である。
(47) 現時点で、筆者が書いたものとしては「ポパーの科学哲学——誤解を種にして」『パリティ』一九九八年六月号がある。そこでの議論は、野家氏の議論に対しても当てはまる。
(48) 同じく、ウィーン學団と記号論理学の紹介を試みた篠原雄訳『統一科學論集』(創元社、一九四二年) においては、カルナップの紹介が主で、当然のことながらポパーは登場してこない。

(49) 中村克己、他編『ヴィーン學團　科學論理學』日新書院、一九四四年一一月、一ページ。*「探求論理學序説」の誤記であろう。
(50) 前掲書、三一四ページ。
(51) 前掲書、三一四ページ。
(52) A. J. Ayer, *Language Truth & Logic*, Victor Gollancz LTD, 1967, p. 35、訳書八ページ。
(53) *Logik der Forschung*, S. 12.
(54) A. J. Ayer, *Language Truth & Logic*, p. 38、訳書一三ページ。
(55) A. J. Ayer, *Language Truth & Logic*, p. 38、訳書一四ページ。傍点は小河原による。
(56) *Logik der Forschung*, S. 22f.（邦訳六〇ページ）訳文は小河原のもの。〔　〕内はポパーによる追加の注。反証回避がいつでも可能であり、したがって決定的反証がありえないことは第六節でも述べられている。
(57) *Logik der Forschung*, S. 15.（邦訳四九ページ）訳文は小河原のもの。
(58) 大森荘蔵「意味と検証」『現代の哲学2　分析哲学』有斐閣、一九五八年、一二二ページ。Falsifiabilityが「反証可能性」ではなく「反証」と訳されている理由はわからない。これは、池田氏（本稿の第一節を見よ）のように、九〇年代にいたっても反証と反証可能性を区別しえない人のいることを思うと、不注意といって笑ってすますことはできないのかもしれない。また一九六四年においても大森氏は、ポパーの反証可能性を有意味性の規準とする見解を述べている。「ライヘンバッハは……蓋然的に検証する可能性がある命題は有意味であるとした。またポパー（K. Popper, 1902―）は命題の否定が検証可能（つまりfalsifiability）なとき有意味なりとすることを提唱した。さらにエアーは、……」（大森荘蔵「論理実証主義」『科学時代の哲学1』培風館、一九六四年、九三ページ）。ポパーについてのこのような要約がただしくないことは明白であろう。
(59) ポパーが反証の対象とされるのは「体系」であるといったとき、そこには初期条件も含まれる。ふつう初期条件は全称言明のかたちをとらない。注29の引用文も見よ。
(60) 以下の第四節第二項での議論も参照されたい。
(61) 中村秀吉『論理実証主義とマルクス主義』青木書店、一九六一年、一五一ページ。

(62) 前掲書、一五六ページ。この引用文中における「検証」ということばは、反証が問題になっている文脈なのであるからして、「テスト」という意味であって、真なることの「実証」という意味ではないのであるが、両者を微妙に混同しているのが、論理実証主義者の通弊である。

(63) 中村氏は、『科学的発見の論理』「英語版への序文一九五八年」でのポパーによる分析哲学批判を肯定的に要約したあとで、ポパーの反証可能性に話を進めている。とくに一五四ページ以降。

(64) 前掲書、一五七～八ページ。

(65) 前掲書、一五九ページ。

(66) マルクス主義とポパーの関連については、後日を期すことにしたい。

(67) 石垣壽朗「意味・検証・確証」(坂本百大編『ことばの哲学』学文社、一九七二年、第二部第三章)は、ポパーの反証可能性が有意味性の規準としてではなく、科学性の規準として提出されたものであることを正当に指摘している(一三四ページ)。また、氏は、反証主義が仮説を「反証しようと試みる」知的態度をもち、アド・ホックな言い逃れをしないという態度をとることを指摘しておられる(一四三ページ)。ここには、ポパーの思想のベクトルについての明快な理解が示されているといってよいであろう。これを規準としてはかれば、野家氏、冨田氏の理解は、一種の退行であるように思われる。

(68) 筆者は、この紹介はたいへんに優れたものであると思う。野家氏は、『大森荘蔵著作集』に付した「解説」において、「『論理実証主義』、『意味と検証』および『分析哲学』の三論文は、その目配りの高さと論評の鋭利さにおいて、四〇年後の今日でもなお分析哲学入門としての意義を失っていない。」(『大森荘蔵著作集』第一巻四〇八ページ)と述べているが、これは市井三郎氏の紹介とひき比べてのことなのだろうか。

(69) 市井三郎『哲学的分析』岩波書店、一九六三年、二一二ページ。

(70) 前掲書、二七九ページ、注2。

(71) 前掲書、二八一ページ。

(72) 前掲書、二八二ページ。

(73) 冨田氏の所説についての議論で注14の引用文に引きつづく個所としてポパーから引用した文を参照せよ。

（74）本書、蔭山論文第二部第二項「もうひとつのポパー伝説」なども参照せよ。
（75）ポパーのハイデガー批判については、『開かれた社会とその敵』第一二章第五節を見よ。戦後の日本の思想界は、筆者の知るかぎり、少なくとも二度ほど、ハイデガーはナチであったが、それにもかかわらず――おそらく、「だからこそ」ということなのだろうが――重要なのだといったたぐいの議論をしている。肩をすくめざるをえない。
（76）彼のレーテ評議会への参加を想起せよ。
（77）この点についての解説的な言及としては、拙著『ポパー　批判的合理主義』講談社、一九九七年、第五章第二節を参照されたい。
（78）拙訳『ポパー哲学の挑戦』未來社、一九八六年。
（79）William Berkson & John Wettersten, *Learning from Errors: Karl Popper's Psychology of Learning*, Open Court 1984. は、心理学的側面においてではあるが、この脈絡に光をあてている。
（80）たとえば、竹尾治一郎『分析哲学入門』世界思想社、一九九九年。とくに一一五ページ。

反証可能性の理論——その意義

蔭山泰之

はじめに

一九三四年に公表されたポパーの反証可能性の理論[1]は、たんに科学哲学だけでなく、広く二〇世紀の思想に大きな影響をおよぼした。しかしこの理論に対しては、公表された当初から、さまざまな批判が投げかけられてきた。もちろんポパーや反証主義者からは、ただちに反論が提出され、その後さまざまな方向へと議論、論争は展開していった。だが、反証可能性の理論は、現在では、ともすると論理実証主義の検証可能性理論と同じく、歴史上のひとコマとして片づけられてしまいがちである。

しかし、反証可能性の理論は、そのように簡単に片づけてしまえるものではない。それは、本稿でこれからあきらかにしていくように、人間の知識や合理性にとって深い意味をもつ理論である。むしろ、クーンが指摘するような通常科学的活動がますます巨大化するような現代にあっては、この理論の意義はますます高まってきているのではないかとさえ考えられる。

そこで本稿では、この反証可能性の理論に対してこれまでに投げかけられてきたさまざまな批判の検討を通じて、この理論の意義を改めてあきらかにしようと思う。まず前半部で、ポパーの反証可能性の理論に対してこれまで投げかけられてきた批判のうち主なものを列挙する。そして後半部では、それらに対してこれまで反証主義の側から提出されている反論を踏まえながら、これらに対する反批判を展開し、これによって反証可能性のもつ本来の意義をあきらかにしていきたい(2)。

前半部　反証可能性への批判

ポパーが提唱した反証可能性とは、ごく一般的には、自然法則のような全称言明はたとえどれほど多くの実証事例を積み重ねても決して実証し尽くされることはないが、逆にたったひとつの反証事例によって反証し尽くされるという基本的な論理を利用した理論であると理解されているようである。だが、このように理解されたことから、反証可能性の理論に対しては、さまざまな批判が投げかけられてきた。

反証可能性に対するこれまでの批判を概観すると、それらは、大きく二つのタイプに分けられる。ひとつは、論理的な考察にもとづいた批判で、主にポパーが反証可能性の理論を提出した初期のころから論理実証主義者などにより投げかけられてきた批判である。もうひとつは、科学の歴史上の考察にもとづいた批判で、主として、一九六〇年代以降のいわゆる新科学哲学派によって投げかけられてきた批判である。ここでは、論理的な批判から取り上げ、ついで歴史的な批判に移るつもりだが、そのまえに、これら二種類の批判の根底にあると思われる批判を最初に取りあげよう。それは、あとで見るように、その根本的な批判の背後にある考えを検討することが、反証可能性がもつ意味を解明していくうえでの重要なポイントになるからである。

I 反証の非決定性

これまで反証可能性理論や反証主義に対して投げかけられてきた批判のなかで、もっとも古くからあり、またもっとも長く続いていて、すべての批判にとって根本的であると思われるのは、「反証は決定的ではない」という批判である。これから本稿で取りあげていく批判はじつにさまざまであるが、結局、それらは反証が決定的でないことの理由を述べているものと捉えることができれば、この意味では、この批判はもっとも根本的であると言える。

たとえば、エアは、論理実証主義をイギリスに紹介するさいに、はやくも反証可能性に言及して次のように述べている。

ある文は、経験によって決定的に反駁可能であるなにごとかを表現しているとき、そしてそのときにのみ事実上意味をもつとされるべきであるとする示唆を受け容れることもできない。この考えをとる者は、一連の有限な観察では、決して疑えないほどにある仮説を真として確立するのに十分ではないが、単一の観察か一連の観察がその仮説を決定的に反駁するような決定的なケースがあると想定している。しかし、……この想定は誤りである。ある仮説は、決定的に検証されないのと同じく、決定的に反証もされないのである。(3)

エアのこの議論は、「反証可能性は意味の規準である」という有名なポパー伝説(4)が流布するのにかなり寄与したものであるが、同じような批判は、ほかの論理実証主義者や、論理実証主義に近い立場の哲学者たちからも投げかけられてきた。

エアが戦前にこうした批判を投げかけてから、同じような批判は、立場や問題状況がまったく変わっても、繰り返し提出されてきた。たとえば、新科学哲学派からの批判がほぼ出尽くしたあとの科学哲学の解説書のなかで、チャルマーズは、エアとほぼ同じような論拠から、次のように述べている。

事実にかんする主張が、どれほどたしかに観察や実験にもとづいていようとも、反証主義の立場では、科学的知識の進歩によって、そうした主張が不適切であるということがやがては判明してしまう可能性を排除することは不可能なのである。結論として、率直に言って、観察による理論の決定的反証は達成できないのである。(5)

反証の非決定性ということでエアやチャルマーズが述べている経験の不確実性は、近代経験主義がたどり着いた結論のひとつである。だが、これは反証が決定的でない理由のひとつにすぎない。これ以外の理由をめぐって、反証可能性に対する批判はさまざまな方向に展開される。

II　存在言明の反証不可能性

反証可能性が普遍言明にかんする論理的関係を表わしているとするならば、純粋に論理的な考察だけによっても、反証が決定的でありえないことが示せる。それは、存在言明の反証不可能性である。この批判もじつに古く、かつ繰り返し提示されてきたものである。たとえば、もっとも古いところでは、『探求の論理』出版直後の批評で、論理実証主義者のノイラートは次のように述べている。

ポパーは古典論理の否定式を自分のパラダイムとして出発しているので、「普遍的単称命題」(これは「規定されていない存在命題」のことである)を「形而上学的」、つまり非経験的命題としている。それらは反証可能ではないからである。しかし、そうした命題が科学史においていかに有益であるかはあきらかだし、そうした命題が正当な役割を演じているような方法論を立案することもできる。(6)

もし、反証可能性が普遍言明にかんする規準であると理解されていれば、この批判はまっさきに思いつかれるだろう。存在言明が言及する領域が無制限ならば、その無制限の領域について存在を否定し尽くすことは論理的に不可能だからである。この批判は現在でも続いており、息の長い批判である[7]。

III　確率言明の反証不可能性

ところで、論理的な言明は、全称言明であれ存在言明であれ、真か偽のどちらかである。ところが、真か偽かがそう簡単には判定できないような言明も、科学には多数登場してくる。その典型的なものは、確率、統計言明である。「サイコロを投げて一の目が出る確率は六分の一である」という確率言明に対して、実際に六回サイコロを投げてみたら、一度も一が出なかったとする。この結果は、その確率言明を反証していると言えるだろうか。

このような事情から、たとえば、決定論的な仮説については、たしかに反証は決定的ではあっても、確率、統計的な仮説については、はたしてどうかとの批判が生じてくる。

統計的仮説（分布仮説）の場合には、事態は異なってくる。この仮説は、承認されたデータに相対的に、検証可能でも、決定的に反証可能でもない。……この結果は、ポパーの反証理論にとって悪い帰結をもたらす。なぜなら、反証理論は、なるほど科学の方法であるが、まさにこの方法は、科学において頻繁に現われてくる統計的仮説のテストという問題に対しては、うまく機能しないからである[8]。

たとえば、「光は重力によって曲げられる」という決定論的な言明ならば、重力によって曲げられていない光の事例がたったひとつでもあれば、それだけで反証は成り立つだろう。だが、「サイコロを投げて一の目が出る確率は六分の一である」という確率言明の場合、極端に言えば、たとえ一〇〇回続けて一の目が出なかったとしても、このような結果が生じる可能性は、厳密には、確率言明では論理的に排除されていない。だから、いつまでたっても反証にはならないというわけである。(9)

Ⅳ ホーリズムからの批判

これまでの批判は、存在言明であれ、確率言明であれ、ひとつひとつの言明を取り上げ、それを論理的に考察して引き出された批判であった。しかし、現実の科学理論は、たったひとつとか二つなど少数の言明から成り立っているわけではなく、ごく些細な現象を説明したり、予測したりするさいにも、じつに多くの理論が体系的に関係してくる。この事実を考慮すると、実際に反証があがったからといって、その原因が複雑な理論体系のどこにあるのか、特定できないではないかという批判が考えられる。たとえば、それは次のような批判となる。

科学的知識の本体の候補としてテストにかけられるどんな仮説も、すでに独立にテストされていて、確立されているようなひとつや複数の付加的な補助仮説に依存せざるをえないという問題がある。……そうした補助仮説は広く受け容れられていても、「確実」なわけではない（たんにまだ反証されていないだけである）ので、新しい仮説の論理的な身分を決定しようとすれば、確証されたり反証されたりするのは、その仮説なのか、あるいは補助仮説なのかを、決して確実に知ることはできない[10]。

これは、いわゆるホーリズムと呼ばれる立場からの批判で、「物理学上の実験は、決して単独の仮説を誤っているとは断定できず、ただ理論の全体が誤っているとするだけである」[11]というデュエムの思想に立脚している。だが、ホーリズムは、ここからさらに進んで、「どんな言明でも、体系のどこかを十分に徹底的に調整すれば、なにが起こっても真と見なし続けることができる」[12]というクワインの思想を加えて、いわゆるデュエム＝クワイン・テーゼ[13]を引き出す。

ラカトシュは、このデュエム＝クワイン・テーゼを精緻化して、反証可能性に対して、さらに詳細な次のような批判を加えている。

ある科学理論は、ほかに影響を与える要因（おそらく、宇宙の遠く離れたはっきりしない時空領域の一隅に隠されているような）はないという条件のもとでだけ、ある特定の有限な時空領域で事象（手短かに言うと、「単独の事象」）が生起することを禁止している。しかしすると、そうした理論は決して単独では「基礎」言明と矛盾しない。そうした理論は、せいぜい、時空で単独の事象を記述している基礎言明と、宇宙のどこかで重大な要因が作用していないということを述べている普遍的な非存在言明の連言と矛盾するだけである[14]。

ラカトシュによる反証可能性の批判は、大部分が科学史の分析にもとづいた批判であるが、ここで述べられている批判は、基本的に論理的な性格のものであり、それが論理的に意味するところは、以下のようになる。理論Tと初期条件Iから予測Pが導き出されるとすると、その論理形式は、

(T & I & C) →P

となる。ここでCは、ラカトシュが言及している「どこかで阻害要因が作用していない」という阻害要因禁止条項(*ceteris paribus clause*)であるが、この条項は、~∃x(Ax & Bx)というかたちの否定存在命題であり、これは論理的には、∀x(Ax→~Bx)という全称命題と等値である。すると、これは論理的に検証不可能である。Pが否定された場合、

~P→~T or ~I or ~C

となるが、Cが検証不可能である以上、Cの潔白は証明できないので、反証の原因をいつでもCに帰して、TやIはいつでも反証をのがれられることになる。検証可能性の原理は、全称命題が論理的に検証し尽くせないという理由で崩壊した。ところが、反証の論理構造のなかにも阻害要因禁止条項のような全称命題が登場してきて、さらにこれを検証し尽くせないかぎり、理論Tを一義的に反証できないとなると、反証可能性も検証可能性と同じ論理的困難に陥るというわけである。(15)

Ⅴ　形而上学的言明の反証可能性

ホーリズムからの批判に見られるように、反証ということに理論体系全体がかかわってくるとなると、先のデュエム＝クワイン・テーゼとはまたまったく逆の意味での批判が反証可能性に対して可能になってくる。それは、全体が反証されるなら、その全体になにをつけくわえても、それも反証可能になるので、形而上学的言明すら反証可能になってしまうという批判である。たとえば、ヘンペルは、この批判を次のように言い表わしている。

文Ｓが完全に反証可能であり、文Ｎはそうではないとすると、それらの連言Ｓ－Ｎ（つまり、二つの文を「そして」ということばで結びつけて得られる表現）は、完全に反証可能である。というのも、Ｓの否定が観察文の集合によって含意されるとすると、Ｓ－Ｎの否定も、なおさら同じ集合によって含意される。こうして、この規準は、たとえば、「すべてのスワンは白く、そして絶対者は完全である」といった適切な経験主義的規準なら排除することになる多くの文に経験的意味を許してしまう。(16)

極端なことをいえば、ほとんどすべてが形而上学的な言明からなる理論でも、それにたったひとつの反証可能な言明を連言で結びつければ、そのほとんど形而上学的な理論体系は、それだけで反証可能になってしまうことになる。(17)

この批判と先のホーリズムからの批判を合わせて考えてみると、理論の一部が反証可能だと考えても具合が悪いし、理論全体が反証可能だと考えても具合が悪くなる。要するに、反証可能性は、挟み撃ちにあっていることになる。

Ⅵ　事実と理論

これまでの批判はすべて、反証可能性というものを論理的に考察してみれば導き出される批判であるが、すでに触れたように、こうした論理的分析にもとづいた批判のほかに、一九六〇年代以降のいわゆるパラダイム論を中心とした新科学哲学派からの批判がある。

彼らは、さまざまな観点から反証可能性を批判するが、そのうちもっとも強力に唱えられたのが、たんなる観察や実験では理論を反証できないというものである。なぜなら、事実には理論を倒すだけの力がないからである。では、事実に理論を倒すだけの力がないとしたら、なにが理論を倒すのか。新科学哲学派によれば、それはやはり理論である。クーンは、この事態を次のように叙述している。

反証はたしかに発生するものの、変則事例や反証事例の発生にともなって起きたり、たんにこれらのために起きたりするのではない。そうではなくて、それは結果として起こる別の過程である。これは、古いパラダイムに対する新しいパラダイムの勝利からなるのだから、検証と呼んでもいいだろう。(18)

つまり、競合する新しいパラダイムが勝利して、はじめて古いパラダイムに対する反証が成立するというわけである。クーンの批判は、彼独自のパラダイム論にもとづいているが、その背景には、ハンソンによってはじめて主張されたとされている観察の理論負荷性のテーゼがある。[19]

観察された事実といえども、理論によって影響されているため、いかなる理論に対しても中立の反証などありえない。とすると、ある観察結果や実験結果は、一方からみれば反証ではあっても、他方から見ればいっこうに反証ではないので、反証に直面しても、それが理論を放棄する理由にはまったくならないことになる。もし放棄するとしたら、それは、なんらかの別の理論の後ろ盾があってのことである。こうして、「理論を倒すのは理論である」[20]ということになる。

たとえば、水星の近日点が移動する現象は、ニュートン力学によって完全には説明できない変則事例として古くから知られていたが、決して反証とは見なされていなかった。「水星についての変則事例は、（アインシュタインの）競合理論の方が実際に水星についての真理により近いということがあきらかになってはじめてニュートン理論の反証になった。[21]」

このように、あとから見れば反証と思われるような現象でも、科学史上では決してただちに反証と見なされたわけではなかった。そしてさらに、反証に見える事例でも反証として扱わないという歴史的事実を捉えて、ラカトシュは最終的に、反証主義の主張とはまったく逆に、「反駁不可能性は、科学であることのあかしとなるだろう[22]」とさえ言いきっている。

Ⅶ　批判的態度への批判

なぜ科学者たちは、反証に直面しても理論を放棄しなかったのか。それは、放棄しない方が科学の発展にとって有益だったからだという。これまでの批判は、反証可能性の規準そのものに向けられた批判であるが、この理論の放棄という点をめぐって、新科学哲学派からの批判は、さらに、反証可能性理論の根底にある批判的態度にまで向けられる。

ポパーは一般には、反証逃れをするなという方法論的守則を主張していると理解されている。しかし、新科学哲学派の論者によれば、まさに安易に反証に屈しないで、反証逃れをつづけた事例は科学史上豊富にある。ファイヤアーベントによれば、

たとえば、ガリレイの時代では、コペルニクスの見解はきわめて平凡で明白な事実にすら一致しなかったので、ガリレイはこれを「たしかに誤っている」と言わなければならなかったほどである。……ニュートンの重力理論は、最初から理論を反駁するに足りるほどの重大な困難に悩まされていた。こんにちでも、非相対論的な領域では、「観察と理論の数値上のずれがある。」ボーアの原子モデルは、精密でゆるがせないほどの反対の証拠があったにもかかわらず導入され、維持された。特殊相対論は、一九〇六年のカウフマンの明白な実験結果や、D・C・ミラーの反駁にもかかわらず維持された。(23)

ここにファイヤアーベントがあげているのは、どれも近代科学の基礎となってきた有名な科学理論

ばかりである。これによって、このように反証にもめげずに理論を維持し続ければ、やがて科学の大いなる発展、飛躍につながる可能性があるし、事実そのような発展をもたらせるということが主張されている。これを逆に言うと、反証可能性の規準は科学の発展の妨げになるという議論になる。チャルマーズは、これを次のように述べている。

反証主義を困惑させるような歴史的事実がある。すなわち、反証主義者の方法論が科学者によって厳密に守られたならば、もっとも典型的な科学理論と一般的に考えられている理論が決して現在のようには発展させられなかったであろう。というのも、そうした科学理論は初期のうちに否定されてしまうからである。どのような古典的な科学理論を例にとっても、その最初の提案のときであれ少しあとであれ、理論と矛盾しており、かつその時代に一般的に受容されている観察事実を見出しうる。それにもかかわらず、理論は否定されなかった。理論が否定されなかったということは科学にとって幸運なことであった。[24]

もし、科学の内部で反駁や批判ばかりして、いちいち理論を捨てたりしていたら、科学的活動は停滞するだけで、決して理論は発展しない。こうして、クーンが主張しているように、「科学への移行を特徴づけるのは、批判的態度を放棄することだ[25]」ということになる。

Ⅷ　論理分析の批判

反証可能性は論理的な規準として理解されているが、このように科学史の歴史的な事例によって反証ということに対してこれほどまでに疑いがもたれてくると、結局、論理で科学を分析することに、はたしてどれだけの意味があるのかという点が問題になってくる。クーンは、この点を率直に次のように表現している。

わたくしは、論理はたしかに科学的探求のための強力な道具であり、究極的にはそのための本質的な道具ではあるが、論理がほとんど適用できないようなかたちでも健全な知識を得ることができるということを言いたい。同時にまた、論理的な解析は、それ自体価値あるものではなく、事情がそれを要求するときだけ、要求する程度に応じて企てられるべきだと言いたい。(26)

そしてさらに、科学の論理分析に反対する立場からは、ポパーが論理にこだわったのは、結局、彼が論理実証主義者たちと同じ前提に立って、論理的であることと合理的であることを同一視していたからだと批判される。(27)

後半部　反証可能性の意義

以上のように、反証可能性の理論は、じつにさまざまな観点から批判されてきている。もちろん、以上で反証可能性に対する批判がすべて網羅されているわけではないが、以上のような批判が繰り返し提出されてきたことで、反証可能性理論はもはや立ちなおれないと一般には考えられているかもしれない。しかし、これらの批判には、すべて反論することが可能であり、その反論を通じて反証可能性が真に意味するところをあきらかにしていくことができる。

Ⅰ　反証の非決定性

まず、反証が決定的でないという批判から取りあげよう。この批判は、これまで見てきたところからもわかるように、さまざまな批判の陰に見え隠れしている。まず、この批判についてまっさきに言えることは、この批判は的外れだということである。それは、たとえば、「科学において究極的な証明はありえない」、「理論の決定的な反対証明は決してできない……経験科学において厳密な証明（あるいは反対証明）に固執するなら、経験科学からは決して利益を得ないだろう」、「わたくしは科学からはどのような究極的確実性も要求しない（したがって、追求しない）[28]」など、『科学的発見の論理』からいくつかポパーの発言を拾いあげてみただけでもはっきりしている。どれほど確実で決定的であるように見える知識でも、どれほど賞賛されている知識でも、すべて仮説的であり、推測にすぎず、誤っているかもしれないということを強調するのは、ポパーの生涯のライトモチーフである。反証主義では、科学は盤石の基盤の上に立っているとか、そうした基盤の上に立てられるとはまったく考えられていない[29]。

このようにポパーの思想をまともに理解すれば、「反証は決定的でない」ということが反証可能性に対する批判として考えられることなどありえないはずである。ところが、それにもかかわらず、これまでみてきたように、反証が決定的でないことを指摘する批判は後をたたなかった。たとえば、クーンなどは、ポパーが決定的な反証を主張していないことを認めているにもかかわらず、それでも、次のように批判していた。

決定的な反対証明を除外しても、カール卿は、その代案を提出していないし、彼が採用している関係は、論理的な反証の関係にとどまっている。カール卿はたしかにナイーブな反証主義者ではないが、そのように取り扱われても不当ではないと思う。(30)

クーンがこのように言うのは、決定的反証に代わるものをポパーが提出していないからである。そして、クーンはこの批判に続けて、「決定的な反対証明でないとしたら、反証とはいったいなんなのか」(31)と問いかける。このように問いかけるのは、結局、実証主義者と同じように、理論を拒否するための絶対確実な根拠を問題にしているからである。(32)

このように、反証に対して決定性や確実性を求める考えはじつに根深く、論理実証主義から新科学哲学派にいたるまで、一貫してまったく変わっていない。反証可能性に対する批判がどれほど多彩であるように見えようとも、結局は、それらの批判はこうした考えに根差しているのである。

それゆえ、反証可能性に対するあらゆる批判に答えるためには、なによりも先に、この考えを払拭しておく必要がある。そうすれば、反証可能性の真の姿があきらかになってくるだろう。

II　もうひとつのポパー伝説

ポパーが反証の決定性、確実性を主張するはずがないことはあきらかであるにもかかわらず、なぜポパーはこれを主張していると誤解されたのか、という点から検討してみよう。これについては、もちろん、さまざまな理由が考えられようが、そのうちのもっとも主たる要因として、検証可能性からの類推で反証可能性が理解されてしまったことがあげられる。(33)

反証可能性は、じつに根強く、検証可能性の困難を解決するべく提出された代案であると誤解されていた。この誤解は、先にエアを引用したさいに触れたように、反証可能性とは意味の規準であるという、いわゆるポパー伝説を生み出した。しかし、この誤解は、じつはこれ以外にもうひとつの伝説を生み出していた。それは、検証可能性が決定的検証を目指していたのと同様に、反証可能性も決定的反証を目指しているとの伝説である。検証可能性が挫折したのは、全称命題やプロトコル命題の決定的な検証が不可能だったからであるが、反証可能性が検証可能性の代案なら、当然、この決定性にまつわる困難を解決すべく提出されたものだろうというわけである。

このことは、先のエアの引用文からもうかがえるが、たとえば、論理経験主義者のライヘンバッハが次のように言っているのを見れば、よりはっきりと理解できる。

絶対的検証の原理は、絶対的反証の原理によって置き換えることができると考えられるかもしれない。しかし、そのような考えは維持できない。いかなる反証も、ほかのものの観察にもとづいた一定の帰納を前提にしているので、確率的にしか考えられない……したがって、絶対的な検証がないのと同様に、絶対的な反証もない。[34]

このように、ライヘンバッハはここで検証を反証に置き換えても絶対的にはならないと述べることで、両者が同じ問題を解決しようとしていると理解していることがわかる。

検証可能性の規準は、意味の規準たるべきことを目的としていたが、検証の決定性、確実性にともなう困難のために挫折してしまった。このような状況下で、もし反証可能性が検証可能性と同じ目的をもった規準として理解されれば、検証可能性の規準よりもあとに登場してきただけに、決定性の困難を解決する意図をもって提出されたと解釈されてしまうことになるだろう。反証可能性の目的にかんする第一のポパー伝説は誤解であることがかなりはっきりしているので、今ではかなり払拭されてきていると言える。しかし、決定性の困難にかんする第二の伝説は、第一の伝説に隠れて今でも根強く生き残っており、反証可能性理論にとっては、こちらの伝説の後遺症の方がはるかに大きかったと言わなければならない。

近代の伝統的認識論では、長いあいだ絶対的確実性が追い求められてきた。検証可能性の規準も、この流れに沿って、当初から決定的であることを目指していた。[35]検証可能性が決定性、絶対確実性を目指していたのは、それが正当化のための原理だったからである。だからこそ、シュリックは、「真正の言明は決定的に検証できなければならない」として、完全に検証しきれない自然法則のような全称命題を、法則形成のための指示という疑似命題と見なしたのである。[36] ところが、論理実証主義もある程度発展した段階では、絶対的確実性を目指すどのような企てもほとんど望みがないことが徐々に判明し、彼らもこの事実は認めざるをえなかった。このような問題状況のなかで、反証可能性は捉えられ、やはり正当化の原理の一種として理解されたために、確実性、決定性を目指していると誤解されたのである。[37]

　いかなる知識も誤りうるという可謬論を唱える論者なら、ポパーのほかにも大勢いた。少なくとも今世紀においては、あらゆる経験主義者は、論理実証主義者も含めて、すべて可謬論者だったとさえ言える。可謬論者だったからこそ、論理実証主義者は検証可能性の問題に悩んだのである。けれどもポパーは、他の論者たちとはまったく違って、真理の探求と確実性の探求を峻別し、確実性は追い求めるべきではないと主張する。つまり、確実性、決定性を求めることは不毛だと主張しているのである」[38]。当時の経験主義にあっては、全称命題を論理的に検証し尽くすことが不可能であることに対するひとつの解決案として、確証可能性の概念を導入し、問題を帰納論理学の方へとシフトさせることによって、達成することは不可能であっても少しでも決定性、絶対確実性に近づくべく努力が続けられていた。このような状況においては、ポパーの可謬論はまさに驚くべき主張であった。

　このように、ポパーの可謬論はたんなる可謬論ではない。それは、確実性、決定性を拒否する可謬論なのである。しかし、ポパーのこの主張はあまりにも革命的だったので、ほとんどだれからも理解されてこなかった。[39] だから、ポパーは可謬論を唱えつつも、それでも確実性、決定性を追い求めているはずだと思われてしまったとも言える。

III　前進するための反証可能性

以上のように、一般にはコインの両面と誤解されてきた検証可能性と反証可能性は、少なくとも決定性という点については、根本的に異なるものである。しかし、その違いは以上に尽きるものではない。

方法論的に見た場合、検証可能性と反証可能性の根本的な違いは、前者が探求を終えるための方法であるのに対して、後者は問題を提起することによって探求を開始し、さらにまえへ進むための方法だという点にある。つまり、反証可能性は前進することを目指しているのである。

これを言い換えるとこうなる。検証は問題を解決するための方法であり、検証が得られれば問題は解決し、そこで真理の探索は停止する。つまり、正当化が完了し、盤石の基盤ができあがる。検証可能性は、この盤石の基盤を確立できる可能性を問う。これに対して反証は、盤石の基盤と考えられていた理論体系のなかで、問題を抉り出し、静寂のなかに波風を立てる。そしてそうすることによって、真理の探索をはじめるきっかけをつくり出す。反証可能性は、この新たな問題を提起して、探求をまえに進められるかどうかを問題にする。果てしなく続く探求のプロセスの一部を抜き出した有名なポパー図式

$$P_1 \rightarrow TT \rightarrow EE \rightarrow P_2$$

について言えば、検証可能性は、できるだけ問題を確実に解決することによって、このプロセスを停止させようとする一方で、反証可能性は、まさにこのプロセスを停止させないことを意図する。この図式では、問題P_2は暫定的理論TTのエラー排除の結果生じてくるが、エラーを発生させ、しかもそれを排除できるというのは、まさにTTが反証可能であるからにほかならない。反証を求めるかぎり、真理の探索は続いていることになる。つまり、「科学のゲームには原理的に終わりがないのである。」[40]このように反証可能性は、問題を求めつつ、ピースミールに前進するための方法である。

　このように見てくると、検証可能性は、結局、アルキメデスの点を求めるための現代の方法であることがわかる。このため、検証可能性の目指していたところが決定性、絶対確実性だったのである。ところがこれに対して、そのようなアルキメデスの点はないし、しかも、そのようなものを追い求めるべきではないというのが、反証可能性の基本的なコンセプトである。確実性を求めるということは、できるだけ現状を維持するということを意味するが、反証可能性理論は、つねに現状を打破しようとする。

　検証主義者や帰納主義者が主張するように、われわれは真偽が確定してから理論を受け容れるのではない。そんなことをしていたら、なにも受け容れられなくなってしまい、まったく前に進むことができなくなってしまう。前に進むための足がかりとしては、理論を暫定的に受け容れるだけでよいのである。もし、受け容れた理論に反証があがれば、そこでその理論が問題になるだけである。したがって、この探求のプロセスにおいては、確実性、決定性はまったく問題ではなく、それらに拘泥してはならない。

このように、反証可能性は、問題を提起し、前に進むための方法として捉えられるが、このように理解することによって、これまで投げかけられてきた批判のすべてに答えることができる。

Ⅳ　純粋存在言明の区別

たしかに、批判者たちが言うように、検証可能性と論理的に対称的な反証可能性の意味では、なんらの規定もない純粋存在言明は反証不可能であり、実際にポパーも、この種の言明は科学的言明ではないとしている。だが、決定的に反証できない純粋存在言明を非科学的言明だとして科学から排除するのでは、結局、決定的に検証できない普遍命題を擬似命題として真正な命題から作為的に排除したシュリックと同じことではないかと言われるかもしれない。

しかし、これまで述べてきた、反証可能性とは前進するための方法であるという観点から見れば、存在言明を非科学的言明とすることは、シュリックの場合とは根本的に異なることがわかる。これを理解するために、ここで、科学的探求を犯罪捜査にたとえて考えてみよう。あるところで他殺死体が見つかったとする。ここから犯人逮捕に向けての犯罪捜査が始まるわけだが、その犯罪捜査において一番大切なのは、おそらく、「犯人を検挙してやる」という捜査官の側の強い信念だろう。そして、この信念には、「犯人が存在する」という言明が含まれているだろう。だが、この言明だけでは捜査が始まったことにはならないし、この言明を裁判にかけて罪状認否をおこなうわけにもいかない。犯人を逮捕するためには、この言明を具体的な内容をもった言明に変えていかなければならない。「犯人はx時に犯行をおこなった」とか、「犯人はこれこれの凶器を使用した」とか、「犯人はx才からy才くらい」とかである。しかし、このように具体的に規定されてきた言明は、もうそれだけでいろいろとテストできるようになる。つまり、反証可能な言明になるのである。この意味では、犯罪捜査とは、純粋存在言明を反証可能な言明に変えていく作業だと言える。「犯人は存在する」という言明は、反証不可能であるが、もちろん無意味ではなく、捜査には必要不可欠なものである。しかしこれは、捜査の結果ではなく、動機であり、出発点である。犯罪捜査においては、存在するはずの犯人について、具体的な情報を得て、いろいろと肉付けしていかなければならないのである。

このように、探求を導く信念としては、純粋存在言明はおおいに意味がある。ポパーが繰り返しその重要性を主張している統制的理念としての真理も、おそらく、ここでいう反証不可能な純粋存在言明に近いものだろう。だが、こうした信念を言いたてるだけでは、探求そのものはまだなにも始まったことにはならない。純粋存在言明が科学的言明でないというのは、この意味においてなのである。

探求者は、この探求の動機となる信念を超えて、その先に進まなければならない。「犯人がいるはずだ」というだけでなにもしない捜査官がいたら、彼は捜査官としては失格だろう。しかし、科学や、とくに哲学の理論においては、おうおうにしてこういう捜査官がしばしば出現する。この点については、科学者の探求を促進する信念に言及して、市井三郎が次のように事態を的確に捉えている。

科学の前進において不可欠の過程であるところの、ざん新な仮説、生産的で創造的な発想をする、という過程においては、多義的で転意的なコトバを比喩的にしか使えない、といった場合がむろん多い。しかし問題は、そのようなざん新な発想をたんなる思いつきに終わらせるか、それともそこから真に科学的な認識の前進を引き出すか、ということの岐れ目が次の点にかかっていることである。つまりそこに用いられた転意的意味の比喩的表現に、どれほど明確な規定性――これによってはじめて、当の命題の「経験的内容」が高まり、「反証可能性」が生じてくる――を与えてゆく労をとるかとらないか、という点なのである。(41)

このように、反証可能性は、出発点としての信念と到達点としての経験的結果の区別を強調する。この区別が反証可能性である。ある説や理論を反証可能にすることは、このように、探求の出発点と到達点を区別することによって、どの方向へ進むべきかを示すことになるのである。

V　確率言明の反証可能性

純粋存在言明の分析を通じて、反証可能性が前進の方法であるということの意味が、ある程度具体的に示されただろう。同じことは確率言明についても言える。

たしかに、確率言明を純粋に論理的に考察するかぎり、なにが起こっても確率言明は影響されないと言い張ることは可能である。一〇〇万回に一回と見積もられていた事故が起こったとしても、偶然そうなることもあり、これによって、見積りは反証されないと言い張ることはいつでも可能である。だから、批判者たちの発言を文字どおりに受け取れば、たとえば、アスペの実験結果がたとえどうであっても、ベルの不等式は破られていないと言い張ることは、原理的には可能だということになるだろう。

しかし、そのように言い張るのを続けていれば、あきらかに確率言明はまったく意味を失っていく。そのように言い張れば、なるほど最初の確率言明を保持し続けることはできるかもしれないが、しかし、確率言明は経験的にまったく使いものにならなくなってしまうだろう。これは、確率言明の改良に向けて一歩も前に進めなくなるという意味では、純粋存在言明としての探求の信念を言いたてるだけと、ほとんど同じことである。だから、確率言明を経験的に意味のあるものとするためには、これを経験的にテスト可能な言明として扱わなければならない。こう扱えば、確率言明を経験に照らして見積りを再評価し、改善するために前進することができる。

以上のような観点から見ると、確率言明の反証可能性の問題は、二つに分けられる。ひとつは、「次にサイコロを振ったときに六の目が出る確率は六分の一である」という言明は反証可能かどうかという単称確率言明の反証可能性の問題である。ポパーもはっきり認めているように[42]、この言明は、あきらかに反証可能でない。たとえある事象の生起がほとんど一に近い確率で予測されても、次回の試行でその事象が生起しない可能性は論理的には決して排除されていない。

しかし、確率言明の実際的な使用にさいしては、確率を評価するための事象系列の範囲をどのように決めるかというもうひとつの問題の方が重要である。たしかに、たとえ確率がきわめて小さいことが連続して起こっても、そのおのおのの事象が確率言明によって厳密に排除されていないのだから、その連言で表わされる事象系列も、たとえどれほどその確率が小さくても厳密に排除されない。しかし、すでに述べたように、確率言明をこのように無節操に解釈すると、結果として確率言明からなんでも言えてしまうことになりかねない。それゆえ、ポパーは、再現可能な規則性を累積された偶然に還元しないという方法論的決断によって確率言明の無制限な利用を排除する規則を要請し、確率言明を反証可能として扱うルールとして、現在の統計学における仮説検定の手続きに似たルールを立てる(43)。

統計学における仮説検定では、ある事象を禁止するような仮説Hを立てたうえで調査をおこない、その結果Hが禁じているような確率がきわめて小さい現象が起こったときにHを棄却するという手続きをとる。この場合、仮説を棄却する基準となる優位水準という確率は、検定に先立ってあらかじめ取り決めておく。そして、実際に統計的実験をおこない、その結果をあらかじめ決めた基準で判断して、統計的仮説を棄却するかどうかを決定するのである(44)。

このように、統計的仮説が反証可能なのは、その仮説の論理的な属性のためではなく、反証を可能にする規則、規約、取り決めのためである。確率言明は論理的にはいかなる事象も禁止していないが、仮説検定のルールを設定すれば、有意水準以下の棄却域の事象が生起することを禁止している言明として扱えるのである。このように統計的検定は、方法論的反証主義の考え方をみごとに例示していると言える(45)。

ところで、ここで方法論的規則というものが出てきたが、エアはこれについて、反証可能性は言明の論理形式にかんすることがらなのに、別の規則をもち出すのはおかしいと批判する。[46] これは、反証可能性は論理の問題か態度の問題かという問題とかかわってくるので、あとでまた取りあげることにするが、問題は、論理か規則かということではなく、どのようにしたら確率言明を経験的に意味あるものにできるかということである。そして、仮説検定の論理的構造は、たしかに反証可能な構造になっている。つまり、効果的な検定をおこなうために、仮説検定は、方法論的規則によって論理的に反証可能な構造を構築することによって、確率言明を経験と関連させることに成功しているのである。

たしかに、確率論はそれ自体、非経験科学の数学に属するものであり、この点からみると反証不可能であろう。しかし、確率言明を経験的探求において意味のある言明と見なし、実験や観察によって少しでも改善、つまり前進させようとするなら、このように反証可能な構造をつくりあげて、試みと誤りの方法を続けなければならないのである。

Ⅵ　反証のホリスティックな構造

これまで存在言明と確率言明の反証可能性を考察してきたことで、反証可能性が前進のための方法であるという意味が、ますますあきらかになってきただろう。だが、ホーリズムからの批判を検討すれば、それはかなり具体的にはっきりしてくる。

まず、ここにおいて、反証についての一般の誤解をただしておこう。アンダーソンによれば、[47] ポパーは『探求の論理』において、二種類の反証を提案している。ひとつは、単独の全称言明が基礎言明によって反証されるというかたちの反証である。すでに見たように、一般にはポパーの反証可能性ということで、こちらしか理解されていない。だが、もうひとつは、予測が反証された場合に、その予測の導出に必要とされた前提となる理論体系や初期条件の全体が否定式にもとづいて反証されるというかたちの反証である。つまり、複数の理論と複数の初期条件からテスト言明が導き出されて、そのテスト言明に対して否定的な実験結果が出れば、それらの理論と初期条件すべてが反証されたことになるのである[48]。

アンダーソンは、前者の反証は狭すぎ、後者の反証は曖昧であるとして、次のような、反証の一般的論理形式を提案する。

$$\sim P, R_1, \ldots\ldots, R_k \vdash \sim (R_{k+1} \,\&\ldots\ldots \&\, R_n \,\&\, H_1 \,\&\, \ldots\ldots \,\&\, H_r)$$

ここでPは予測言明、Rは初期条件を記述する言明、そしてHは理論的仮説であり、0≦k≦nである。この論理形式は、結論部から前提部への偽の逆推移の原理にもとづいて、第二の反証を一般化したものと考えられるが、ここで、m＝0、n＝1とすれば、第一の反証が得られるので、単独の全称言明の反証が反証の一般形の特殊ケースであることがわかる。

このアンダーソンの分析からわかるように、ホーリズムからの批判にもかかわらず、反証の論理構造は、きわめてホリスティックである。かつてシュテークミューラーは、言明や理論をひとつずつ切り離して単独でテストできるとする立場を、孤立主義（Isolationismus）と呼んだ[49]が、ポパーの反証可能性理論も、論理実証主義の検証理論と並んで、典型的な孤立主義であると見なされてきた。だが、これまでのアンダーソンの分析を見れば、反証可能性理論を孤立主義と解釈するのは、まったくの誤りであることがわかる。

実際、ポパーが最初から理論体系の反証可能性を考えていたことは、たとえば、『探求の論理』が刊行される前に執筆された『認識論の二大根本問題』における次の文章からもはっきりしている。

個々の前提は、たしかに、最終的には反証されない。……しかし、全理論、前提の「連言」が、いずれにしても最終的に反証される。……複雑な理論的構築物は、場合によっては、ただ全体として（ないしは、より大きな関連している部分）だけが最終的に反証可能である。……現代の物理学理論の発展によって、ある一定の予測の反証は、全理論体系を倒すことができるということが示された。(50)

また、さまざまな批判に答えるべく執筆された『実在論と科学の目的』でも、「(最初から指摘していたように――『科学的発見の論理』の付録 i を見よ）わたくしの規準は、理論体系のコンテキストから抜き出された言明についてではなく、理論体系に適用される」(51)と述べている。このように、ポパーの考え方は、きわめてホリスティックで、デュエムの思想にきわめて近い。

デュエムが否定しているのは、実験によって理論群のなかから単一の理論だけを決定的に偽であると立証できるということだけであり、この点は、ポパーもはじめからデュエムに同意していた。

ここで、反証可能性は決定性を含意しないと見れば、デュエムの議論は逆に、推測と反駁の方法の必要性を説くものと捉えることもできる。つまり、たった一回の実験では欠陥の原因を決定できないのだからこそ、推測と反駁の方法によってその原因を追求しなければならないのである。そして少なくとも言えることは、デュエムの問題に対処するための必要条件として、実験の前提が反証可能でなければならないということである。反証可能でなければ、原因を探索する範囲を狭めることができないからである。

実験が示せるのは理論全体のうち少なくともひとつが誤っているということだけだとしても、ポパーはさらに進んで、差異法などによって、誤りの可能性の範囲を狭めることができることを認める[52]。つまり、反証されるのは「理論全体」であるといっても、その範囲を狭めることができるのであり、実験では実際にそれをおこなわなければならない。反証可能性理論は、反証は一回で完了しなければならないなどとは決して主張していないのだから、疑わしい範囲を推測して、その推測を反駁しようとする手続きが続けられる。

ラカトシュは、阻害要因禁止条項が論理的に全称命題と等値なので、決定的に検証可能でないため、反証は決定的にならないと批判した。だが、阻害要因禁止条項が論理的に全称命題だということは、これに対しても反証の試みが可能なので、反証の試みが繰り返し実行できるということを意味している。なぜなら、この条項はまさに、阻害要因という出来事を禁止しているからである。

なんらかの予測が反証されたとする。ここで、もし阻害要因禁止条項が怪しいとなったら、またこれを前提にして別の初期条件を立て、別の予測を導き出せばよい。そのさいには、もちろん、別の阻害要因禁止条項が含まれているだろう。そしてまたその予測も反証されたら、ふたたびそのときの条項をテストすることは可能なのである。このように、反証可能性は再帰的に前に進めていくことができる。反証の原因を探索するさいにも、仮説を立て、それをテストするわけである。そして、最終的に反証の原因を理論体系のどの部分に帰するかは、たしかにポパーがいうように[53]、危険をともなう推測の問題である。これを一義的に確定することはできない。しかし、この問題には、反証可能性にかぎらず、どのような解決策もこれまでなかった。しかも、反証可能性はこの問題の解決などはじめから目指していなかったのである。だから、これが解決できないからといって反証可能性を責めるのはあたらない。

もちろん、反証の試みを繰り返しても反証の原因はなかなか狭まらないかもしれない。しかも、狭めた範囲が間違っているかもしれない。しかし、それは問題ではない。間違いとわかったら、元に戻って別の範囲をまた探せばいいからである[54]。肝心なのは、推測と反駁の方法が続けられるかどうかということである。

このように、反証可能性は、「理論体系のどこかがおかしい」ということを示すことによって、問題を提起するのである。通常科学の内部では、こうした問題は変則事例として扱われるかもしれないが、「変則事例は、批判の出発点として扱われなければならない[55]。」このように、予測の否定を通じて、それにかかわった理論群全体にその影響が及ぶことによって、理論全体が問題になってくるのである。

だが、問題が発生しても、「理論体系のどこかが悪い」と言っているだけでは、話は始まらない。

そこから先に進み、原因を探索する合理的な手段を可能にするのも反証可能性である。規約主義者は、理論体系の一部を修正すれば、いつでも反証は回避できるという。しかし、一部を修正しなければ回避できないとすれば、それは反証が意味をもっていることのなによりのあかしである。[56]

なにか問題が発生したときに、その場に立ち止まって前進しなくていいのなら、理論は反証可能である必要はないだろう。しかし、とにかく前進しなければならないなら、前進するために、反証の原因と目される箇所を推測し、その推測にもとづいてテストの前提を暫定的に決定し、その推測をテストしなくてはならない。そして、原因についての仮説がきびしいテストに耐え、原因と思われるものが見つかれば、そこで調査を暫定的に打ち切ればよい。また、先に見込みがなくなり、その方向に有力な仮説を立てられなくなったり、前進の方向が誤っていたら、いったん立ち戻って別の方向に向けて進めばよい。

検証や確証はそれをいくら繰り返しても、全称命題の真理値の決定や、確実性の程度の確定にまったく近づかない。[57]この意味では検証や確証をいくら繰り返しても無駄で、その目的はいっこうに達成されない。しかし、反証は繰り返すことによって、反証の原因を特定できるようになるまで、反証の探索範囲を、事実上、狭めることができる。この意味では、反証を繰り返すことには意味がある。[58]これにさえ意味がないというなら、そもそも実験をおこなうこと自体に意味がなくなってしまうだろう。

以上のように見てくれれば、形而上学的言明の反証可能性による批判にも、もはや容易に答えることができるだろう。

前節の考察からあきらかになったように、反証可能性は、言明や理論をひとつずつ切り出してきて、それが科学的かどうかを個別に判定するための試金石ではない。形而上学的言明が連言として理論体系に結合されていれば、反証によってもちろんこの言明にも影響が及ぶ。そして、もしその形而上学的言明がほんとうに問題をはらんでいるならば、それはさらに反証にさらされることになるだろう。しかし、もしそれがたいした問題でないなら、それはすぐに問題領域から排除されるだろう。

この点については、これまで科学史上で現われては消えていった、フロジストン、エンテレキー、エーテル、絶対空間、隠れた変数などの形而上学的実体などについて考えてみればよくわかる。たとえば、エーテルそのものは、見ることも触ることもできない形而上学的実体であるので、「エーテルが存在する」という言明はたしかに形而上学的言明であると言えるだろう。だが、この言明を組み込んだ理論体系がマイケルソン・モーレーの実験がエーテル仮説にとって否定的な結果を示したことによって、たしかに、この形而上学的言明にも影響が及んだのである。もちろん、この結果だけで「エーテルは存在する」という形而上学的言明がただちに否定されることはなかった。だが、そこに問題が発生したことはたしかである。だからこそ、ローレンツの仮説などが提出されて、この問題に真剣に取り組む試みが現われたのである。

このように、エーテルの存在そのものは、形而上学的な性格を帯びていたが、それはテスト可能な理論体系と内容的に密接に関連していた。このため、反証の影響が及んだわけである。[59] しかし、テスト可能な理論体系に、わざとらしく「絶対者は完全である」などといった形而上学的言明を連言でくっつけたとしても、それが理論と実質的な関係をもたなければ、たんに盲腸のようなもので、理論体系がテストによって反証されても、なんら問題にされることはなく、ただぶら下がっているだけでおしまいであろう。たしかに、こうした無用な言明にも、論理的には反証の影響は及ぶ。しかしそれだけである。テストの結果を生かして、その理論体系を改良し、知識を成長させていくうえでは、なんの関係もないものである。したがって、こうした盲腸のような形而上学的言明によって、探求をまえに進めるという反証可能性の本来の機能が損なわれることは、まったくない。

VIII 反証と変則事例

さて、これから新科学哲学派による歴史分析からの批判に答えていくことにしよう。これらの批判に答えるわれわれの基本的立場は、これまでの論理的な批判に答えてきた立場とまったく変わらない。

ここでまず指摘しておきたいことは、ポパーはハンソンが指摘するずっと以前に、すでに論理実証主義者の帰納主義的科学論に対して、どのような観察も普遍概念を利用していることや、理論的な観点がなければ規則性に着目できないということなどから、観察の理論負荷性を指摘していたことである。[60] だからポパーは最初から、理論に中立な観察言語の存在など認めていなかった。[61]

このように、ポパーも新科学哲学派も、同じく観察の理論負荷性を認め、テスト言明の可謬性を認める。だが、これらのことから、新科学哲学派が反証の意味を否定したのに対して、ポパーは反証の意味を積極的に評価し、彼らとはまったく異なる結論に達した。ポパーがそのような結論に達した理由は、ひとつには、たとえ困難であったとしても、背景が異なる理論のあいだでも合理的な議論は可能だからであり、もうひとつは、そのような合理的議論は反証を通じた批判的議論によってこそ可能であり、この議論によって知識が成長するからである。

たしかに、いかなる理論に対しても中立な観察事実や実験事実などないのだから、なんの理論にも負荷されていない裸の事実が理論を倒すことはありえない。この点では、「事実は理論を倒せない」という新科学哲学派のテーゼは正しいと言える。しかし、反証可能性理論の立場から異議を唱えたいのは、反証ということが、理論を倒すことだけにかぎられるのかという点である。この点は、次節で論じることになる理論の放棄の問題とも関係しているが、これまでの議論からあきらかなように、反証可能性理論で言う反証は、決定的なものではないのだから、ただちに理論の否定に結びつくことはないのである。反証とは、あくまで探求をまえに進めるための問題の提起なのである。「反証主義者は、反証を解決すべき問題として見るということだけに立脚する。」[62]

しかし、このように言うと、クーンの通常科学で言われる変則事例と変わらないではないかといわれるかもしれない。たしかに、われわれが理解する反証は、クーンのいう変則事例と似ているだろう。[63]だが、クーンが言う変則事例とは、パズル解きのパズルであり、これは既存の理論的枠組みで解決できると想定されているものである。だからこそ、クーンらは、競合する別の理論的枠組みが勝利して、そのもとでのみはじめて変則事例は反証、つまり理論を打ち倒す事実になると考えているわけである。

しかし、このように考えてしまうと、ある理論がなんらかの事実を利用して自己変革していく能力は、いったいどうなってしまうのだろうか。「理論を倒すのは理論だけである」と言ってしまうと、まるで、ある理論的枠組みは、それだけでは事実を利用してなにもできないと言っているようである[64]。だが、変則事例であれなんであれ、ある実験事実や観察事実がある理論にとって問題となったときに、それを問題として認識させるのは、まさにその理論自体なのである。なぜなら、その理論はそうした事実を禁止しているからである。禁止していなければ、問題など生じないだろう。たしかに、こうした問題をたんなるパズルのように見立てて、できるだけ既存の理論的枠組みのなかで解決しようとする傾向があるのは事実であるし、そうした方が経済的で、効率的な場合も少なくないだろう。しかし、一方では、そうした問題を既存の理論的枠組みに対する重大な反証と見ることから、大いなる知識の成長がもたらされる可能性がある。ポパーも言うように、「(通常の思考方法に完全に一致しているために)われわれがあきらかになにも問題なしと見なしがちな部分に加えた修正が、ときとして決定的な前進をもたらすかもしれない[65]」のである。

むしろ、現代科学はクーンの言うような状態に陥りつつあるからこそ、反証に目を向けるべきであるとも言える。つまり、観察事実が理論負荷的だからこそ、それを反証として捉える必要があるのである。観察は理論に負荷されると、都合のいい事例しか見えなくなる傾向がある。実際的な現場においては、都合の悪い事例が見えなくなる傾向を生むということである。つまり、すでに見ようとしていたもの、見ると予想していたものだけしか見なくなる。とくに、「自分がひいきにしている理論にとって危険かもしれないものならなんでも、それから目をそらしたり、見ようとはしないものなのである」[66]この意味では、反証をたんなる変則事例と呼ぼうとすることは、問題を隠蔽してしまうことになりかねない。変則事例と呼ぶことは、それだけ問題を軽く扱い、保守的で主観的な枠組みに止まろうとする傾向を助長しやすい。だから、むしろなんらかの問題を積極的に反証として捉えることこそ大切なのである。

もちろん、反証といえども絶対確実でない以上、反証がじつはたいした問題ではなかったと判明するかもしれない。こういう可能性がある以上、テスト言明も、理論と同じく間主観的にテストしなければならない。新科学哲学派の論者たちは、このテスト言明の間主観的なテストの可能性に対して、共約不可能性のテーゼから重大な疑義を投げかける。しかし、アンダーソンが天王星の観察やコペルニクス革命について詳細に分析しているように、共約不可能であると主張されているケースで異なっているのは、ゲシュタルト変換にもたとえられる最終的な知覚経験ではなく、じつは観察言明を導き出すためのプリミティヴな仮説だけである。それゆえ、そうした仮説を検討することによって、観察言明は批判的にテストできる。[67]たとえば、ファイヤアーベントがあげているガリレオの例で言えば、ガリレオとその批判者たちのあいだでは、望遠鏡の扱いについて背景にある仮説が異なっていたが、異なる仮説から第三のテスト可能な言明を導き出して、望遠鏡についての観察言明を批判的にテストすることができるし、また歴史的な事実として、そのように批判的に議論されてきたのである[68]。

このように、テスト言明はいつでもテストでき、問題にすることができる。テスト言明であれなんであれ、前進するために仮りに決めたことを絶対視する必要はない。むしろ探求者の心理的な傾向として、既成事実を絶対視しがちであるがゆえに、つねに批判的な視点を欠かさないようにしなければならないのである。逆に、テスト言明が誤っているかもしれないからといって、そこで立ち止まる必要などないのである。誤りが判明したら、いつでも戻ってやりなおせばいいからである。

IX　批判的態度の役割

反証可能性理論では、反証イコール理論の放棄とは考えられていない。反証された理論体系をすべて放棄せよとは、ポパーはまったく言っていない。この点については、ポパーの次のことばからもわかる。

わたくしは、そうした反駁は誤りうるものであることを指摘してきた。反証を受け容れるかどうか、そして理論を「放棄する」か、あるいはたとえばそれを修正するだけか、あるいはそれに固執するか、なにか方法論的に認められる問題回避の代案を探すかは、典型的に推測とリスクテイクの問題である。わたくしは、反証が認められることと理論を放棄する必要性を混同していない。このことは、アインシュタインは一般相対論を偽であると見なしたが、ニュートンの重力理論よりは真理により近いと考えていたということを、わたくしが頻繁に指摘してきたことからもわかるだろう。アインシュタインは、たしかにその理論を「放棄」しなかった。しかし、彼は、その晩年にいたるまで、さらなる一般化によってその理論を改良しようと努力し

ていたのである。(69)

反証がただちに理論の放棄に通じるという考えは、まるで「すべて根こそぎにしようとする」ユートピア主義のような発想であり、これをポパーが激しく批判したことは、周知のとおりである。(70)反証によって理論を即座に放棄することは、テスト言明をほとんど盲信することになり、そこで推測と反駁のプロセスが断ち切られてしまう。だから、反証によって理論体系を簡単に放棄してはならない。(71)

なるほど、ポパーは、たしかに当初から「科学におけるいかなる言明も、反証に逆らって擁護しない(72)」という方法論的守則を立てている。しかし、これによってポパーが言おうとしたのは、たんに、反証を無視するな、ごまかすなということだけである。反証を無視しないで、これに対応する方法はいくらでもある。アンダーソンも言うように、「反証の方法論的帰結は、反証された理論は修正されなければならないということだけである。(73)」この修正が、最終的には理論の放棄に通じる場合もあるだろう。しかし、それはあくまでも問題解決のひとつの可能性にしかすぎない。(74)推測と反駁のプロセスによって、問題はピースミールに解決されていくだけである。

反証によって理論を捨てることは、あくまで問題解決のひとつにすぎない。この点を踏まえれば、批判的態度の役割に対する批判にも、次のように答えることができるだろう。

先に見たように、たとえば、ボーアの理論はかずかずの矛盾を含んでいたにもかかわらず、反証されずに残ったという歴史的事実は、しばしば反証可能性理論に対する反論としてあげられる。しかし、これまでの議論からは、これとはまったく逆のことが言える。つまり、反証を真剣に受け取ったからこそ理論は発展したのである。ボーアや彼の理論の支持者たちがボーア理論に対する反証や問題を真剣に受け取らなかったら、ボーアの前期量子論は、最終的に量子力学までには発展しなかっただろう。同じことは、コペルニクスの地動説についても言える。ガリレオや彼の後継者たちが、ファイヤアーベントが論じた塔の議論[75]が端的に示しているような、コペルニクス説に対する反証や批判を真剣に受け取ったからこそ、やがてはニュートン理論へと結実する発展が生じたのである。

　新科学哲学派の論者たちが言うように、いかなる理論も反証や変則事例の海のなかに生まれてくる。しかし、そうした反証をひとつひとつ解決して、理論を成長させていけるか、あるいは、そうした反証をすべて無視し、ごまかして、ひたすら理論の原形を後生大事に奉じるかは、まさに、生まれた理論をどれほど批判的に鍛えられるかという点にかかっている。

　この意味では、まさしく、批判的態度がなければ、近代科学はなかったのである。独断的にコミットしたままで批判的態度をなくしてしまった知識の例は無数にある。おそらく、ポパーも言うように[76]、占星術はそのひとつだろう。宗教上の教義もそうだと言える。そこでは、変わらないということがむしろ誇りとされており、変えようとするものを異端として排除するのである。こうして、その知識は不変のままにとどまるが、まさにこのために、発展の道を閉ざされてしまっているのである[77]。この点について、クーンは、占星術が科学でないのはパズルをもたないからであると述べているが、占星術がもたなかったのは、むしろ、みずからの理論的枠組みでは解けないようなパズル、つまり反証である。それは、まさに占星術が反証を回避するような態度を取り続けてきたからこそである。

以上のように、反証を真摯に受け取ったからこそ現在のような科学になったのである。反証をまじめに受け取らず、それを問題と考えないで放置しておけば、理論はいつまでたっても変化せず、科学は科学にならなかっただろう。このように見てくると、反証によって理論体系は不可避的に変化するので、理論をドグマにして反証を無視することを「免疫化」(immunization)[78]にたとえるのは正確ではないだろう。免疫化とは、正確には、抗原などの外敵の攻撃を受けて生体が抗体をつくるなどして固体の免疫系が変化することだからである。こうして生体は強化され、ある意味では生体は免疫化によって進化したのである。これに対して、ドグマにすることは、むしろ無菌室に入れることに相当するだろう。無菌室に逃げ込めば、たしかに外敵の攻撃からは身を守れるかもしれない。しかし、これによって生体はなんら進化することはなく、むしろ抵抗力を減らすなどして、弱体化しているのである。免疫化は、生体自身の外敵に対処する能力という意味では、まさに反証可能性そのものであると言ってもよい。免疫機構によって、個体が徐々に変化していくように、反証可能性によって、理論体系はピースミールに変化していくのである。

X　論理の役割

これまで見てきたように、反証はただちに理論の放棄には結びつかない。批判者に対してこのことをはっきりとさせるために、ポパーは、反証の可能性と実際の反証はまったく別であり、前者の方が重要であって、反証可能性理論は後者についてはなにも述べていないと繰り返し強調してきた。[79] そしてさらに、前者の反証可能性は論理的な可能性であると繰り返し主張する。ポパーは、これを具体的に次のように説明する。

（a）「すべてのスワンは白い」という言明は、たとえば、「一九三四年五月一六日、一羽の黒いスワンが朝の一〇時から一一時の間、ウィーンのフォルクス公園にあるエリザベート女帝像のまえに立っていた」という言明と矛盾するから論理的な意味で反証可能であり、（b）「すべての人間の行動は利己主義的で、自己の関心から動機づけられている」という言明は、「利他主義的などんな行動の事例も、その背後には利己主義的な動機が隠れているという見解を反駁できない」から論理的な意味で反証不可能である。[80]

しかし、どちらの言明もその論理形式は∀x（Ax→Bx）で、同じである。それゆえ、たとえば（b）は次のような基礎言明と矛盾する。「一九三四年五月一六日朝一〇時〇〇分に、ウィーンのフォルクスガルテンにおけるエリザベート女帝の像のまえでX氏が浮浪者に千シリングを与えたが、X氏は自分の行動の背後には利己主義的な動機はなかったと述べた。そしてあらゆる心理テストを試みても利己主義的な動機は検出されなかった。」もちろん、この言明はたとえば、「じつは利己主義的な動機は本人も知らないし、あらゆる心理テストにかからないのだ」といって回避できる。このため、ポパーは「理論の経験的‐科学的性格を主張する者はだれでも、いかなる条件のもとでそれが反証されたと見なす準備ができているかを特定できなければならない[81]」と要求する。

だが、このように見てくると、反証可能性がたしかに論理的なことがらではあっても、それだけでは完結しないことはあきらかである。ここで認識すべきなのは、反証可能性を論理の問題にするという観点である。

そもそも、『探求の論理』のもととなっていた『認識論の二大根本問題』で、ポパーははやくも一九三〇年代初頭に、次のように明確に述べているのである。

境界設定は、たんに論理のことがらではなく、方法論のことがらであり、したがって、境界設定問題は、たんなる論理の問題ではなく、方法論の問題である。同様に、境界設定規準は、たんなる論理的規準ではありえず、方法論的規準でなければならない。それゆえ、この規準は、目のまえの理論とその論理構造に関係しているだけでなく、その理論が科学において取り扱われるその扱われ方にも関係している。[82]

あきらかに、反証可能性を論理の問題にするのは、そうする態度のためである。すべてを説明できる理論などはない。あるのは、すべてを説明しようとする態度をとる人である。すべてを説明できる理論がもしあったとしても、それはその論理形式のためにそうなのではなく、理論に現われることばの意味の使い方や曖昧さ、多義性などによるものである。反証を検証に変えてしまうのは論理ではなく解釈である。そして実際に、ポパー自身、言明の論理形式を分析しただけでは、それが経験的に反証可能な言明であるかどうか決定できないことを認めている。[83]

このように、たしかに、反証可能性は論理で尽きるものではない。では、どうしてポパーは、これほどまでに反証可能性の論理形式にこだわるのだろうか。

その理由はいくつかある。ひとつは、決定的な反証と実際的な反証を区別したいということがあっただろう。だが、そのもっとも主たる理由は、論理が批判のための強力な武器だからである(84)。反証を有効に機能させようとしたら、論理の問題にしておくのがもっとも効果的なのである。

論理は、もっとも有効な批判の道具である。ナッターノによれば、論理が批判の道具として役に立つというのは、反証が発生した場合、「演繹的議論によって、その結論が真であることとその前提が偽であることのどちらかを選ばざるをえなくなる」(85)という意味においてである。ナッターノが示しているように、理論Tと初期条件Iの連言から予測Pを導き出して、これが反証された場合、その論理図式は、先に示したように、

$$\sim P \rightarrow \sim (T \,\&\, I)$$

という論理関係になるが、これは、

$$P \text{ or } \sim T \text{ or } \sim I$$

と等値である。このように、反証の論理構造を選言として表わすことによって、反証がその原因を帰すべきどれかを選択せよと、問題を突きつけていることがあらわになる。まさに、反証はわれわ

れに対して選択を迫っているのである。[86] こうして、論理の問題にしておけば、問題点はあきらかになるし、逆に隠しようがなくなる。

　しかし、帰納的推論はこうなっていない。本来妥当でないにもかかわらず、帰納によって結論に妥当性が付与されると誤って思い込むことによって、かえって問題が隠されてしまうのである。帰納的推論は、本来妥当でないのに、妥当であるかのような保証を与えるように見えてしまうので、かえって有害である。[87]

　ポパーが反証可能性は論理の問題であると言ったのは、このような理由からである。論理の問題にしておけば、決定的反対証明でなくても、条件的反対証明にまで高めることができる。つまり、理論の論理的反証可能性は、批判的態度を理論的に表明したものにほかならない。

　境界設定の問題は、少なくともその初期の段階では、実践的な性質の問題だった。[88] そのような問題の解決は、最終的には、理論に対する批判的態度にかかっているのである。理論を批判するために論理が役立つことができるのは、批判的態度を受け容れたあとだけである。しかし、いったんこの態度を受け容れれば、論理ほど強力な武器はない。

　こうして、論理は批判のための強力な道具であり、形式論理的な否定式などによって反証可能性の規準を説明することは、反証の手続きを簡単に理解するのに役立った。しかし、極度に単純化された形式的論理図式のために反証可能性に対する理解が過度に単純化されてしまい[89]、検証可能性原理が決定的でないなら反証可能性規準も決定的ではないという批判や、理論を倒すのは事実ではなく理論であるという批判を招いたとも考えられる。反証可能性を論理的なことがらとして理解した場合、肯定式による検証が後件肯定の誤りを免れえないのに対して否定式がいかにも論理的に妥当な決定性を示していると捉えられやすかったのである。

XI　未知の領域へ

以上見てきたように、反証可能性は前進し、問題を提起するための方法である。理論体系全体が反証されたときに、どこの部分が誤っているかはわからないといっているだけでは始まらない。また、探求を導く信念については、なにかあるはずだといっているだけでは始まらない。確率言明に対しては、そういう場合もありうるといっているだけでは始まらない。テスト言明が不確実だといって立ち止まっていては始まらないのである。問題を指摘するだけで、あとはなにもせずに、こと足れりとしているような評論家にとっては、前進するための方法など必要ないかもしれない。しかし、現場の科学者や技術者は、足元が不安定でも、とにかく、前に進まなければならないのである。

では、なぜこのような前進するための方法が必要なのだろうか。それは、われわれの知識がいつでも不完全で、誤りうるものだからであり、しかも、いつまでたっても完全性には到達できないからである。もし、そうした完全性に到達できるとしたら、なにも迷うことなく、それに向けて邁進すればよい。実際、検証可能性はそれを目指していた。しかし、この目標は到達不可能なのであるから、検証可能性の原理とその背後にある正当化の企てが破綻することは遅かれ早かれあきらかであった。ある意味では、この企てが破綻したために新科学哲学派が登場してきたと言えるかもしれない。なぜなら、反証可能性に対する彼らの批判も、決定性や完全性を目指すことを前提にしているからである。

だが、これまで見てきたように、反証可能性は最初からこの目標とはまったく無関係であった。反証可能性理論は、むしろこの完全性、決定性の目標を拒否するところから始まったと言える。

だから、反証可能性はアルゴリズムではない。いつどんな場面でも、自動的に適用できる魔法の杖でも、あらゆる問題を解決してくれる打ち出の小槌でもない。反証可能性の根本的な価値は、探求者の態度や理論が未知のものに対して開かれているかどうかという点にある。未知の事態や不都合な事態に遭遇して自分の殻に閉じこもったり、また自分にとって好都合な確認例にだけ浸り切って自己満足に陥ったりするのではなく、そういう事態をバネにして、さらに先の未知の領域にまで進んでいく用意があるかどうかが問題なのである。

未知の領域に進んでいくのは、もちろん理論を改良し、知識を改良するためである。ポパーは、完全な真理に到達することは不可能であると考えていたが、それでも、それに近づくことはできると思っていた。しかし、真理に近づくためには、未知の領域にのりださなければならない。それは、期待が裏切られることによって知識は成長するからである。われわれの期待が反証されたときに、実在はその相貌をもっともよくあらわにする。(90)

しかし、反証を無視し、問題を無視する傾向が人間にはある。観察は理論負荷的であり、決して確実ではない。しかし、観察が理論負荷的であるからこそ、反証を求めるのが大切なのである。人は放っておけば、検証ばかり求めて、そこで発展が止まってしまうからである。占星術やヒストリシズムを批判することでポパーが示そうとしたことは、放っておけば人は確認例しか見なくなり、反例、つまり未知の事態によって知識を改良、改善することを忘れてしまうということである。これは、いかなる反証も決定的ではないだけになおさらである。

だからこそ、ポパーは、こうした反証可能性を科学と非科学を分ける境界設定規準として提案したのである。ポパーは、実際に、前進しようとせず、また問題を無視しようとする知的活動に直面し、なおかつ、そのような活動が、それでも科学に与えられている社会的ステータスだけは享受しようとしていた事実に直面した。このため、この悪しき傾向に歯止めをかけるべく、自分のからに閉じこもる独断的な知的活動と、未知の世界へ飛び出す準備ができている知的活動を区別しようとしたのである。

XII　科学的発見の論理

以上のように考えてみると、なぜ反証可能性が科学的発見の論理であるのかの理由もわかってくるだろう。反証と発見の関係について、ポパーは次のように述べている。

われわれとわれわれの態度を共有している者は、新しい発見をおこなうことを期待するだろう。……こうして、反証実験にもっとも興味を示すことになる。それは、成功として採用される。なぜなら、新しい経験の世界への新しい視野を開いてくれるからである。(91)

新しい世界へと視野が開かれているかどうかという点で、反証可能性は発見と結びつく。

この反証可能性と発見の関係は、若き日のポパーの目に映ったアドラーの態度によって、反面教師のかたちで象徴的に描き出されている。患者も診ずに下された診断に驚いたポパーに対して、「わたくしはそのような例をこれまで千回も経験してきているからね[92]」といったアドラーの態度に欠けているのは、なにか新しいことを発見しようという意志である。逆に言うと、もはや新しいことが発見できるとは期待していないのである。すでに自分の理論ですべてを説明できると考えているからだろうが、すべてを説明できるなら、もはや新しいことはなにもないというわけである。

だが、こうなると、もはや未知の領域に向けて知識を広げることが不可能になってしまう。ただ好ましい検証や確証を探し求めつつ、自己満足に陥ってしまうだけである。こうなってしまっては、もはやなにも新しいことは発見できないだろう。このような自己満足を防止するためには、未知の領域に対してわれわれの態度、知識を開いておかなければならないのである。

このように考えれば、ポパーが反証可能性と反証を分けた意味もあきらかになってくる。ポパーがいう反証可能性と反証の区別は、研究における反証を見つける前と見つけたあとの区別に相当する。反証可能性に対する新科学哲学派からの批判のほとんどは、後者に対して向けられたものだが、反証可能性のポイントは前者にある。つまり、反証を受け容れよということよりも、反証として意味をもつ事例を意図的に探せということである。論理形式を反証可能にしておくということも、この目的のためなのである。ここで、反証を受け容れる規準が明確でなければ、反証を探せないといわれるかもしれないが、それはちがう。すでに見たように、反証は問題である。問題であるだけに、あらかじめ予想することはほとんど不可能である。そもそも、あらかじめ予想できる問題など、問題としてたいしたことはない。予想を裏切れば裏切るほど、問題としてはそれだけ意味深いものとなる。この意味では、反証を受け容れる規準をあらかじめ指定することは、たしかに重要なことであるが、これがすべてだと考えてしまうのは、問題を矮小化しているだけである。

このように予想が裏切られ、既存の枠組みが打ち破られるからこそ、新しい発見が可能になり、知識は成長する。だから、人間の知識の発展には、王道はない。発展、成長するためには、あえて危険を冒さなければならないのである。独断主義は、決定的な知識を獲得するための確実な手段があるがゆえに知識は可能だと信じ、懐疑主義は、そうした手段は存在しないがゆえに知識の可能性を否定した。けれども、「批判的合理主義は、まさしくそのような決定的な知識に達するための確実な手段など存在しないがゆえに知識は可能だと主張するのである。」(93)

ポパーも認めているように、現代ではクーンが言うような通常科学はますます巨大化しつつある。その通常科学では、変則事例が積み重なってやがて科学革命が勃発すると言われている。だが、変則事例がいくら積み重なっても、それだけで科学革命が自動的に勃発するわけではない。そこには、変則事例を問題として注目し、そこに未知の領域へとつながる可能性を見出す個人が必ずいなければならない。だが、科学にかぎらず、あらゆる組織が官僚化され、組織化される現代にあっては、個人がそういう目をもつことはますますむずかしくなっている。だからこそ、ポパーはそういう個人が消え去らないことを願わずにはいられない。(94)

（1）この一九三四年というのは、ポパーの処女作『探求の論理』が刊行された年であるが、その一年前に発表された論文、'Ein Kriterium des empirischen Charakters theoretischer Systeme', *Erkenntnis* 3, 1933, pp. 426-427.（『探求の論理』に付録として収録）において、ポパーは反証可能性の理論をすでに論じている。だから、反証可能性理論が世に出たのは、正確には一九三三年ということになる。

（2）はじめに批判を列挙し、そのあとでそれらすべてに答えるというこのスタイルは、デイヴィッド・ミラーが、*Critical Rationalism: Restatement and Defence*, La Salle: Open Court, 1994.（以下*CRRD*と略記）の第2章で、帰納の問題に対するポパーの解決案を反証主義の立場から擁護したときの議論を参考にしている。反証可能性理論ないしは反証主義に対する批判としては、ポパーによる帰納法の否定に対する反論とからめた批判も少なくないが、この主の批判に対しては、ミラーの議論が包括的に答えているので、本稿では扱わない。

（3）A. J. Ayer, *Language, Truth and Logic*, Penguin Books, 2nd ed., 1971, p. 51.（邦訳、『言語、真理、論理』、岩波書店、一九五一年、一三—一四ページ。これ以降、邦訳のある引用文は、本稿の文脈に合わせるため修正した部分もある）

（4）ポパー伝説については、ポパー自身が、'Replies to My Critics'（以下*RC*と略記）, in P. A. Schilpp (ed.), *The Philosophy of Karl Popper*, La Salle, Illinois: Open Court, 1974, Part II, pp. 963-965で詳細に論じている。

（5）A. F. Chalmers, *What is this Thing called Science*, Indianapolis: Hackett, 3rd ed., 1999, p. 88. また、cf., P. Feyerabend, *Against Method*, London: Verso, 1975.（以下*AM*と略記）, p. 55.（邦訳、『方法への挑戦』、新曜社、一九八一年、五五ページ）

（6）O. Neurath, 'Pseudorationalismus der Falsifikation' (Erkenntnis 5, 1935, pp. 353-365) reprinted in O. Neurath, *Wissenschaftliche Weltauffassung Sozialismus und Logischer Empirismus*, R. Hegselmann (ed.), Frankfurt am Main:

Suhrkamp, 1979, p. 136.

（7）存在言明の反証不可能性を指摘する批判は、このほかに、C. G. Hempel, *Aspects of Scientific Explanation*, New York: Free Press, 1965, p. 106.（邦訳、『現代哲学基本論文集Ｉ』、勁草書房、一九八六年、一一三—一一四ページ）、W. Stegmüller, *Hauptströmungen der Gegenwartsphilosophie*, Stuttgart: Alfred Kröner, 6 Aufl., 1978, Band. I, p. 403.（邦訳、『現代哲学の主潮流』、法政大学出版局、一九八一年、第二巻、五八—五九ページ）、O. Hanfling, *Logical Positivism*, Oxford: Basil Blackwell, 1981, p. 52. A. J. Ayer, 'Editor's Introduction', *Logical Positivism*, New York: Free Press, 1959, p. 14. A. J. Ayer, *The Central Questions of Philosophy*, Penguin Books, 1973, pp. 28f.（邦訳、『哲学の中心問題』、法政大学出版局、一九七六年、四五—四六ページ）、J. O. Urmson, *Philosophical Analysis*, Oxford University Press, 1956, p. 113. W. C. Kneale, 'The Demarcation of Science', in P. A. Schilpp (ed.), *The Philosophy of Karl Popper*, op. cit., Part I, p. 210 などに見られる。

（8）O. P. Obermeier, *Poppers "Kritischer Rationalismus"*, München: Ernst Vögel, 1980, p. 67.

（9）確率言明の反証不可能性を指摘する批判は、ほかに、A. J. Ayer, *Probability and Evidence*, London: Macmillan, 1972, p. 47. A. J. Ayer, *The Central Questions of Philosophy*, op. cit., p. 29. I. Lakatos, 'Falsification and the Methodology of Scientific Research Programmes'（以下 *MSRP* と略記）, in I. Lakatos, A. Musgrave (eds.), *Criticism and the Growth of Knowledge*, Cambridge University Press, 1970, p. 102.（邦訳、『批判と知識の成長』、木鐸社、一九八五年、一四六ページ）、J. Bronowski, 'Humanism and the Growth of Knowledge', in P. A. Schilpp (ed.), *The Philosophy of Karl Popper*, op. cit., p. 616. 内井惣七『科学哲学入門』、世界思想社、一九九五年、七二—七五ページなどがある。

（10）S. Richards, *Philosophy & Sociology of Science, an introduction*, Oxford: Basil Blackwell, 1983, p. 56.（邦訳、『科学、哲学、社会』、紀伊国屋書店、一九八五年、一〇二—一〇三ページ）

（11）P. Duhem, *La Théorie physique son objet=sa structure*, Paris: Vrin, 1981, p. 278.（邦訳、『物理理論の構造と目的』、勁草書房、一九九一年、二四七ページ）

（12）W. V. O. Quine, *From a Logical Point of View*, Harvard University Press, 2nd ed., 1953, p. 43.（邦訳、『論理的観点から』、勁草書房、一九九二年、六四ページ）

（13）デュエムとクワインを並べて、このようにデュエム＝クワイン・テーゼと呼ばれることが多いが、デュエムの主張とクワインの主張はまったく異なるものである。Cf., R. Ariew, 'The Duhem Thesis', *British Journal for the Philosophy of Science* 35, 1984, pp. 313-325.

（14）I. Lakatos, *MSRP*, p. 101.（邦訳、一四五―一四六ページ）

（15）ホーリズムからの批判としては、このほかに、H. Putnam, 'The "Corroboration" of Theories', in P. A. Schilpp (ed.), *The Philosophy of Karl Popper*, op. cit., Part I, p. 226. T. S. Kuhn, *The Essential Tension*, Chicago University Press, 1977（以下 *ET* と略記）, p. 208.（『本質的緊張』、みすず書房、一九九二年、三五八ページ）、K. J. Düsberg, 'Sind empirische Theorien falsifizierbar?', *Zeitschrift für allgemeine Wissenschaftstheorie* 10, 1979, pp. 11-27. R. Keat, J. Urry, *Social Theory as Science*, London: Routledge and Kegan Paul, 1982, p. 47. 野家啓一『科学の解釈学』、新曜社、一九九三年、一五一―一五二ページ、内井惣七『科学哲学入門』、前掲書、七五―八〇ページなどに見られる。

（16）C. G. Hempel, *Aspects of Scientific Explanation*, op. cit., p. 106.（邦訳、一一四ページ）

（17）形而上学的言明の反証可能性からの批判は、このほか、D. Gillies, *Philosophy of Science in the Twentieth Century*, Oxford: Blackwell, 1993, p. 210. S. F. Baker, *Induction and Hypothesis*, Cornell University Press, 1957, pp. 158-159. 岩崎武雄『真理論』、東京大学出版会、一九七六年、一三五―一三六ページなどに見られる。

（18）T. S. Kuhn, *The Structure of Scientific Revolutions*, Chicago University Press, 2nd ed., 1970.（以下 *SSR* と略記）, p. 147.（邦訳、『科学革命の構造』、みすず書房、一九七一年、一六六ページ）

（19）N. R. Hanson, *Patterns of Discovery*, Cambridge University Press, 1958, chapter 1.（邦訳、『科学的発見のパターン』、講談社、一九八六年）

（20）Cf., I. Lakatos, 'Popper on Demarcation and Induction', in P. A. Schilpp (ed.), *The Philosophy of Karl Popper*, op. cit., pp. 249f. 村上陽一郎『科学のダイナミックス』、サイエンス社、一九八〇年、七四ページ。伊東俊太郎『科学と現実』、中央公論社、一九八一年、二一〇ページ。このように、観察事実や実験事実だけでは、理論の真偽や優劣を決められないという考え方は、新科学哲学派では、経験データによる理論の決定保留（underdetermination）のテーゼと呼ばれるにいたった。Cf., M. Hesse, *Revolution & Reconstruction in the Philosophy of Science*, Harvester Press, 1980, preface.

（邦訳、『知の革命と再構成』、サイエンス社、一九八六年）

（21）A. O'Hear, *Karl Popper*, London: Routledge and Kegan Paul, 1980, p. 104. Cf., R. Ackermann, *The Philosophy of Karl Popper*, University of Massachusetts Press, 1976, pp. 32f.

（22）I. Latatos, *MSRP*, p. 102.（邦訳、一四七ページ）

（23）P. Feyerabend, *AM*, p. 56.（邦訳、五六ページ）ボーアの量子論については、cf., I. Lakatos, *MSRP*, pp. 140ff.（邦訳、二〇一―二〇三ページ）

（24）A. Chalmers, *What is this Thing called Science?*, op. cit., p. 91. また、このほかに、同様の批判は、I. Lakatos, *MSRP*, p. 179.（邦訳、二五五ページ）P. Feyerabend, *AM*, p. 303.（邦訳、四一九―四二〇ページ）P. Feyerabend, 'How to defend Society against Science', in I. Hacking (ed.), *Scientific Revolutions*, Oxford University Press, 1981, p. 160. A. O'Hear, *Karl Popper*, op. cit., pp. 103-114. R. Ackermann, *The Philosophy of Karl Popper*, op. cit., pp. 32-34. K. Hübner, *Kritik der Wissenschaftlichen Vernunft*, Freiburg/München: Karl Alber, 2 Aufl., 1979, pp. 115-119.（邦訳、『科学的理性批判』、法政大学出版局、一九九二年、九三―九四ページ）などに見られる。

（25）T. S. Kuhn, *ET*, p. 273.（邦訳、三四八ページ）

（26）T. S. Kuhn, *ET*, p. 285.（邦訳、三六六ページ）

（27）O. P. Obermeier, *Poppers "Kritischer Rationalismus"*, op. cit., p. 24. マレーヴは、カルナップとポパーをひとくくりにして、「論理主義的一元論」と呼んでいる。J. F. Malherbe, *La philosophie de Karl Popper et le positivisme logique*, Namur: Presses universitaires de Namur, 2e ed., 1979, p. 170f. 同様の批判としては、cf., H. Brown, *Perception, Theory and Commitment: The New Philosophy of Science*, University of Chicago Press, 1977, chapter 5.（邦訳、『科学論序説』、培風館、一九八五年）W. C. Kneale, 'The Demarcation of Science', op. cit., p. 217 などがある。

（28）K. R. Popper, *The Logic of Scientific Discovery*, New York, Harper & Row, 1965.（以下 *LScD* と略記）, pp. 47, 50, 80.（邦訳、『科学的発見の論理』恒星社厚生閣、一九七一年、五七ページ、六〇ページ、九七ページ）

（29）K. R. Popper, *LScD*, pp. 111, 278.（邦訳、一三九ページ、三四四―三四五ページ）『科学的発見の論理』のいたるところに見られる規約主義的な主張は、ポパーが実証主義者に反対して、経験科学においては決定性や絶対的確実性を言い立てることができないと考えていたことを端的に示している。

（30）T. S. Kuhn, *ET*, p. 282.（邦訳、三六一ページ）

（31）T. S. Kuhn, *ET*, p. 283.（邦訳、三六三ページ）この問いかけに対して、アンダーソンは、「反証とは絶対的反駁ではなくて、〝条件付き反駁である」と答えている。（G. Andersson, *Kritik und Wissenschaftsgeschichte, Kuhns, Lakatos' und Feyerabends Kritik des Kritischen Rationalismus*, Tübingen: J. C. B. Mohr, 1988（以下*KuW*と略記）, p. 110, 'Naïve and Critical Falsificationism', in P. Levinson (ed.), *In Pursuit of Truth*, New Jersey: Humanities Press, 1982, p. 56.）つまり、結論としての否定的なテスト結果を受け容れたという条件のもとでの、前提としての理論の反駁ということである。Cf., K. R. Popper, *Realism and the Aim of Science*, London: Hutchinson, 1983（以下*RAS*と略記）, p. 186.

（32）Cf., A. O'Hear, *Karl Popper*, op. cit., p. 103. アンダーソンによれば、このように問うのは、結局、クーンらの新科学哲学派でも基礎づけ、正当化ということが前提になっているからである。Cf., G. Andersson, *KuW*, p. 38.

（33）Cf., Wellmer, *Methodologie als Erkenntnistheorie, Zur Wissenschaftslehre Karl R. Poppers*, Frankfurt am Main: Suhrkamp, 1967, pp. 84-88.

（34）H. Reichenbach, *Experience and Prediction*, The University of Chicago Press, 1938, pp. 87-88. また、アームソンの次のことばも、同様の解釈を示している。「ちょうど、普遍命題が決定的に反証可能であっても決定的に検証可能でないように、存在命題は決定的に検証可能であっても反証可能ではない。」J. O. Urmson, *Philosophical Analysis*, op. cit., p. 113.

（35）正当化が決定的に確実なら、推移性についての仮定（transmissibility assumption）によって、決定的に正当化された命題から演繹できる命題も、すべて一様に正当化できることになる。Cf., W. W. Bartley III, 'Critical Study: The Philosophy of Karl Popper Part III: Rationality, Criticism, and Logic', *Philosophia* 11, 1982, pp. 153ff.

（36）M. Schlick, 'Kausalität in der gegenwärtigen Physik', *Naturwissenschaften* 19, 1931, pp. 150f.

（37）だが、反証可能性がこのように誤解されたのには、じつはポパーの方にも責任の一端がある。それは、ポパーが、反証可能性は検証可能性にまつわる決定性についての困難を免れているということを論じるのに、検証と反証の論理的非対称性をもち出してきたからである。（K. R. Popper, *LScD*, p. 41.〔邦訳、五〇—五一ページ〕）ただ、検証可能性と反証可能性の論理的非対称性を原理的な（論理的な）ことがらとして述べているかぎりは、ポパーの説明はまったく正しい。つまり、原理的なレベルでは、反証可能性は検証可能性にまつわる困難は、たしかに免れているのである。Cf., J. I. Gómez Tutor, *Das Induktions- und Abgrenzungsproblem in den Frühschriften von Karl R. Popper*, Frankfurt am Main: Peter Lang, 1988, p. 130.

（38）K. R. Popper, *LScD*, p. 80.（邦訳、九七ページ）, *Objective Knowledge*, Oxford University Press, 1972.（以下 *OK* と略記）, p. 37.（邦訳、『客観的知識』、木鐸社、一九七四年、四五ページ）, *Auf der Suche nach einer besseren Welt*, München: Piper, 1984.（以下 *AdS* と略記）, pp. 12f., 206.（邦訳、『よりよき世界を求めて』、未來社、一九九五年、一六―一七ページ、二八八―二八九ページ）実際、絶対確実ではないといっても、科学的知識はほかの知識に比べればはるかに確実だという見方は根強く、科学的知識といえども絶対確実ではないという言い方がたんなるリップサービスにすぎない場合もあった。（H. Brown, *Perception, Theory and Commitment*, op. cit., pp. 65f.〔邦訳、八九ページ以下〕）この点では、ミラーも言うように（*CRRD*, p. 6）、ポパーが確実性の探求を否定したことは、ほかの哲学者たちと決定的に異なる点である。

（39）ここで述べた可謬論にかぎらず、ポパーの理論がどれほど革命的だったかということは、たとえば、一九三六年のアリストテレス協会の集会で、ポパーが帰納の存在や帰納的確率を否定したさいに、聴衆がこれを冗談として受け取って笑ったということからもうかがえるだろう。K. R. Popper, *Unended Quest*, Glasgow, Fontana/Corins, 1976.（以下 *UQ* と略記）, p. 110.（邦訳、『果てしなき探求』、岩波書店、一九九五年、下巻、一四―一五ページ）

（40）K. R. Popper, *LScD*, p. 53.（邦訳、六四ページ）ポパーと規約主義の関係も、結局、この前進するかどうかという点に帰着する。規約主義は理論体系を静的なものとするために、法則命題を規約であると解釈する。一方、ポパーがテスト言明を規約として受け容れるのは、経験的世界をさらに探求していくためである。

（41）市井三郎『哲学的分析』、岩波書店、一九六三年、二八二―二八三ページ。このように見てくると、なぜポパーが論理実証主義の意味規準に反対して、形而上学的言明を擁護したのかがわかる。反証可能性とは、こうした形而上学的言明を改良し、前進させて、真の科学的言明へと変えていくための方法なので、そのためのもとの素材を無意味として否定してしまっては、反証可能性規準そのものの存在意義が失われてしまうからである。Cf., K. R. Popper, *The*

Myth of the Framework, London: Routledge, 1994.（以下 *MF* と略記）, pp. 88f.（邦訳、『フレームワークの神話』、未來社、一九九八年、一六一ページ）

（42）K. R. Popper, *RAS*, p. 289, *Quantum Theory and the Schism in Physics*, London: Hutchinson, 1982, p. 70.

（43）K. R. Popper, *LScD*, pp. 198-205.（邦訳、二四九―二五五ページ）

（44）優位水準は、通常、五パーセントや一パーセントに設定されるが、かつて推計学の創始者フィッシャーは、この数字の根拠を尋ねられて、それで実際不都合が起こらなければよいと答えたという。（増山元三郎、『デタラメの世界』、岩波書店、一九六九年、五〇ページ）このフィッシャーの答えは、なんらかのルールや言明を暫定的に正しいと仮定してテストを進めるが、不都合が生じればそれらを問題にするという反証主義の考え方に非常に近いと言える。

（45）Cf., C. Simkin, *Popper's View on Natural and Social Science*, Leiden: E. J. Brill, 1993, pp. 14-15. D. Gillies, 'Popper's Contribution to the Philosophy of Probability' in A. O'Hear (ed.), *Karl Popper: Philosophy and Problems*, Cambridge University Press, 1995, pp. 110f. D. Gillies, *The Philosophy of Science in the Twentieth Century*, op. cit., pp. 207ff.

（46）A. J. Ayer, *Probability and Evidence*, op. cit., p. 47.

（47）G. Andersson, *KuW*, pp. 23-26. G. Andersson, 'Popper: Logik der Forschung', in *Hauptwerke der Philosophie 20. Jahrhundert*, Stuttgart, Reclam, 1992, p. 215.

（48）G. Andersson, *KuW*, p. 29, 'Popper: Logik der Forschung', op. cit., pp. 215f.

（49）W. Stegmüller, *Hauptströmungen der Gegenwartsphilosophie*, op. cit., Band II, pp. 265-266.（邦訳、第三巻、三一九ページ）

（50）K. R. Popper, *Die beiden Grundprobleme der Erkenntnistheorie*, Tübingen: J. C. B. Mohr, 1979.（以下 *GE* と略記）, p. 262. また、実際に『探求の論理』においても、ポパーは頻繁に理論体系について言及している。

（51）K. R. Popper, *RAS*, p. 178. またさらに、Replies to My Critics においても、次のように述べている。「ニュートン理論は体系である。もしそれを反証するなら、その全体系を反証することになる」*RC*, p. 982.

（52）K. R. Popper, *The Open Society and Its Enemies*, Princeton University Press, 5th ed., 1966（以下 *OS* と略記）, vol. 2, p. 364.（『開かれた社会とその敵』、未來社、一九八〇年、第二部、三八五ページ）, *The Poverty of Historicism*, London:

Routledge and Kegan Paul, 1957.（以下 *PH* と略記), p. 132.（邦訳、『歴史主義の貧困』、中央公論社、一九六一年、一九九―二〇〇ページ), *Conjectures and Refutations*, London: Routledge and Kegan Paul. 4th ed., 1972.（以下 *CR* と略記), p. 112.（邦訳、『推測と反駁』、法政大学出版局、一九八〇年、七三二ページ）

（53）K. R. Popper, *RC*, p. 1010.

（54）どんな反証も、それ自体ふたたびテストできる。（K. R. Popper, *LScD*, p. 104.〔邦訳、一二九ページ〕, *RAS*, p. xxiii.）先に引用したクワインの発言には、じつは次のような文が続いている。「逆にまったく同じ理由から、どのような言明も改訂に対して免疫があるわけではない」W. O. V. Quine, *From a Logical Point of View*, op. cit., p. 43.（邦訳、六四ページ）この点にかんしては、クワインの主張は反証主義の主張と完全に一致する。

（55）G. Andersson, *KuW*, p. 121. 反証と変則事例の関係については、次節を参照。

（56）G. Andersson, *KuW*, p. 140.

（57）K. R. Popper, *LScD*, new appendices ＊vii, *CR*, pp. 280-292.（邦訳、五二四―五四二ページ）

（58）たとえば、プログラム設計における構造化設計やオブジェクト指向の情報隠蔽の考え方などは、エラー探索の範囲を効果的に限定するための思想である。そして、場合によっては、一義的に理論を反駁したと見なせることもある。Cf., J. D. Greenwood, 'Two Dogmas of Neo-Empiricism: The "Theory-Informity" of Observation and the Quine-Duhem Thesis', *Philosophy of Science* 57, 1990, pp. 553-574.

（59）マイケルソンの実験では、エーテルと並んで絶対時空という概念も反駁されたが、これはニュートン力学のコンテキストだけからは、決してテストできない形而上学的な概念であった。しかし、光の波動理論と結びついて、テスト可能になったのである。このように形而上学的であるかどうかということも、理論全体との関連で決まってくる。Cf., K. R. Popper, *RAS*, p. 181.

（60）K. R. Popper, *LScD*, pp. 59, 106f.（邦訳、七〇ページ、一三二―一三三ページ), appendix ＊x, *CR*, pp. 44-48, 187.（邦訳、七五―八二ページ、三一二ページ), chapter 8, sectio. 1.

（61）この点で、クーンが「競合する理論を擁護している者が観察報告を比較するのに適切な中立言語を共有していることを、カール卿は当然と見なしている」（T. S. Kuhn, 'Reflections on my Critics', in I. Lakatos, A. Musgrave (eds.),

Criticism and Growth of Knowledge, op. cit., pp. 265f.〔邦訳、三七〇—三七一ページ〕）と述べているのは、端的に誤りである。

（62）G. Andersson, *KuW*, p. 151.

（63）「反証に帰せられる役割は、本書で変則的な経験に帰せられる役割によく似ている」（T. S. Kuhn, *SSR*, p. 146.〔邦訳、一六五ページ〕）と述べているように、反証と変則事例が似たものであることは、クーンも認めている。

（64）クーンは、「パラダイムの選択が問題になりだすとすぐに、パラダイムの役割は循環的なものになる」（T. S. Kuhn, *SSR*, p. 94.〔邦訳、一〇六ページ〕）として、観察事実が理論負荷的であるために、その事実は理論を支持する役割しか演じられないということを示唆している。

（65）K. R. Popper, *LScD*, p. 76.（邦訳、九四ページ）この意味では、ラカトシュが言うような研究プログラムにハード・コアなど存在しない。それは、研究プログラムのなかで批判されることが少なかった部分を堅固なものと見なす傾向の現われにしかすぎない。

（66）K. R. Popper, *PH*, p. 134 .（邦訳、二〇二ページ）Cf., K. R. Popper, *MF*, p. 87.（邦訳、一五七—一五九ページ）現代ではこの傾向は、科学者集団よりも、クーンの通常科学の概念がよりよくあてはまる技術者集団のあいだで顕著に見られる。たとえば、ワインバーグは、認知的不協和（cognitive dissonance）という心理学上の概念を援用して、ソフトウェア開発技術者におけるこうした傾向について論じている。Weinberg, *The Psychology of Computer Programming*, New York: Van Nostrand Reinhold, 1971, pp. 55ff. このあたりについては、拙稿、'Falsificationism and Software Engineering', *The Annals of the Japan Association for Philosophy of Science* 9, 1999, pp. 165-176 を参照。

（67）G. Andersson, *KuW*, pp. 109-124, 128-133, 'Popper: Logik der Forschung', op cit., pp. 229-231, 'Naïve and Critical Falsificationism', op. cit., pp. 56-62. 要するに、新科学哲学派の論者たちは、高度に抽象的なレベルから具体的な観察のレベルにまで仮説の連鎖が不断に続いているところで、ある特定の観察仮説を不当にも最終的な知覚経験と断定し、これをもって共約不可能と言いたてているだけだということになる。

（68）もちろん、ポパーは決定性を認めないから、テスト言明を受け容れるのは決断によるとする。これにかんしては、問題を群集心理にしてしまうという批判があるが（W. H. Newton-Smith, *The Rationality of Science*, London: Routledge and Kegan Paul, 1981, p. 64.)、この決断は、アンダーソンも言うように批判的決断であり、間主観的に批判可能なのだから、決して群集心理の問題にはならない。Cf., G. Andersson, *KuW*, ibid.

(69) K. R. Popper, *RC*, p. 1009.

(70) K. R. Popper, *OS*, vol. 1, pp. 157-165.（邦訳、第一部、一五七—一六三ページ), *PH*, p. 67.（邦訳、一〇七ページ）

(71) だから、ポパーは、探求においてはある一定のドグマティズムが必要であるとも説いている。K. R. Popper, 'Normal Science and Its Danger', in I. Lakatos, A. Musgrave (ed.), *Criticism and the Growth of Knowledge*, op. cit., p. 55.（邦訳、八一ページ), *CR*, pp. 49, 312.（邦訳、八三ページ、七六五—七六六ページ), *UQ*, pp. 42, 51.（邦訳、上巻、七一—八八ページ), *MF*, pp. 16, 94.（邦訳、一七〇—一七一ページ), K. R. Popper, K. Lorenz, *Die Zukunft ist offen*, München: Piper, 1985, p. 60.（邦訳、『未来は開かれている』、思索社、1986）

(72) K. R. Popper, *LScD*, p. 54.（邦訳、六五ページ）

(73) G. Andersson, *KuW*, p. 150.

(74) ポパーは、反証による理論の放棄がありうることは明確に認めていた。(K. R. Popper, *CR*, p. 215.〔邦訳、三六二—三六三ページ〕, *UQ*, p. 79.〔邦訳、上巻、一四三ページ〕）しかしポパーは、一方で、修正された理論体系は別の体系として扱えといっている。(K. R. Popper, *LScD*, p. 83.〔邦訳、一〇一ページ〕）このように、ポパーにとっての理論放棄は、既存の理論の修正も意味しているのである。

(75) P. Feyerabend, *AM*, chapter 6, 7

(76) K. R. Popper, *CR*, pp. 37f.（邦訳、六四ページ）

(77) T. S. Kuhn, *ET*, pp. 276-277.（邦訳、三五二ページ）

(78) Cf., K. R. Popper, *UQ*, p. 42.（邦訳、上巻、七〇ページ), *RC*, p. 983. ポパーが述べているように、このことばはアルバートによる。

(79) K. R. Popper, *LScD*, p. 86.（邦訳、一〇五ページ), *GE*, p. XXVIII-XXIX, *RAS*, pp. xx-xxii, K. R. Popper, G. Andersson, G. Radnitzky, 'Zwei Bedeutungen von Falsifizierbarkeit', in H. Seiffert, G. Radnitzky (Hg.), *Handlexikon zur Wissenschaftstheorie*, München, 1989, pp. 82-86.

(80) K. R. Popper, *RAS*, p. xx.

(81) K. R. Popper, ibid.

(82) K. R. Popper, *GE*, p. 354. Cf., *LScD*, p. 42.（邦訳、五一ページ）, H. Albert, *Kritik der reinen Erkenntnislehre*, Tübingen: J. C. B. Mohr, 1987, pp. 91-93.

(83) K. R. Popper, *LScD*, pp. 81-82.（邦訳、九九ページ）だから、反証可能性の規準は、決してシャープな規準ではない（*UQ*, p. 42.〔邦訳、上巻、七一ページ〕, *RAS*, p. 159, 161.）

(84) K. R. Popper, *CR*, p. 64.（邦訳、一〇八ページ）, *AdS*, pp. 91f.（邦訳、一三一ページ）このように、論理実証主義と反証主義は、見かけ上まったく同じように形式論理を重んじているように見えるが、その目的はまったく異なる。論理実証主義が形式論理を重視するのは、ひとえに正当化のためである。これに対して、反証主義は正当化とはまったく逆の批判のために論理を重視するのである。批判的合理主義における論理の役割については、cf., H. Albert, *Kritik der reinen Erkenntnislehre*, op. cit., pp. 81-84.

(85) M. A. Notturno, *Science and Open Society*, Budapest: Central European University Press, pp. 110f. Cf., Popper, *RAS*, p. 186.

(86) M. A. Notturno, ibid. ポパーやアンダーソンが反証は条件付き反駁であると考える（注31参照）のは、まさしく、この意味においてである。

(87) M. A. Notturno, ibid. このように、問題を隠すかあらわにするかという点で、ポパーは帰納的推論を徹底的に批判し、演繹的推論にこだわった。また、これに加えて、反証可能性に対する誤解のひとつの原因になってしまったにもかかわらず、普遍言明と存在言明に関連した反証と検証の論理的非対称性を強調し続けたのも、同様の理由からであると考えられる。反証可能性は理論体系にかかわることがらなので、普遍言明にも存在言明にも同じように適用できる。だが、それにもかかわらず、ポパーはもっぱら普遍言明の反証可能性を強調した。それは、普遍言明が存在言明を論理的に含意するため、前者の方が後者よりも説明力があるからである（K. R. Popper, *RAS*, p. 184）。だが、その説明力のために、普遍言明は存在言明よりもはるかに問題をはらんでいると言える。このように、ポパーは問題の多い方をあえて選ぶのである。

(88) K. R. Popper, *RAS*, p. 174. ポパーにとって、認識論とは規範的なものであった。R. Bouveresse, *Karl Popper ou Rationalisme critique*, Paris: Vrin, 1981, p. 50.

(89) パスモアによれば、ポパーには、「彼自身が進んで認めているように、ある特定の状況において、あるいはある特定の目的のために、自身の見解を過度に単純化してしまう習慣があった」という。J. Passmore, 'History and Philosophy of Science', in N. Rescher (ed.), *Scientific Explanation and Understanding*, University Press of America, 1983, p. 94.

(90) A. Boyer, *Introduction à la lecture de Karl Popper*, Paris: Presses de l'école normale supérieure, 1994, p. II.

(91) K. R. Popper, *LScD*, p. 80.（邦訳、九八ページ）Cf., K. R. Popper, *MF*, p. 105.（邦訳、一九三ページ）このように見てくると、ポパーは発見の文脈と正当化の文脈を切り離して、後者のみを重視して前者をまったく無視しているといった批判にも、どのように答えられるかはあきらかだろう。まずなによりも、ポパーは正当化ということはまったく問題にしていないことは、はっきりしている。そして、未知の領域へと目を向けさせ、新しい発見を促すという意味では、反証可能性は、まさしく発見の論理なのである。

(92) K. R. Popper, *CR*, p. 35.（邦訳、六一ページ）

(93) A. Boyer, 'La méthode en perspective', in R. Bouveresse (ed.), *Karl Popper et la science d'aujourd'hui*, Aubier, 1989, p. 94.

(94) K. R. Popper, *AdS*, p. 77.（邦訳、一一二ページ）このように、知識の成長のためにはあえて危険を冒し、積極的に反証を探し求める必要があるとすれば、誤りや失敗の恐れに苛まれることなく、むしろこれらを積極的に評価するような新しい知的態度の可能性が開けてくる。Cf., K. R. Popper, *CR*, p. 243.（邦訳、四一二ページ）, *AdS*, pp. 227-229.（邦訳、三一九—三二一ページ）, *Alles Leben ist Problemlösen*, München: Piper, 1994, pp. 29-31.

デュエム＝クワイン・テーゼと反証主義(1)

立花希一

一　問題

ポパーの反証主義は、デュエム＝クワイン・テーゼによって反証されてしまったのであろうか。野家啓一氏は、反証されてしまったと主張している。それに対して、私は反証されたとはまったく考えていない。氏と私の見解は真っ向から対立している。したがって、われわれのあいだには明確な争点があり、この問いは絵空事ではない。

さて、この問題を論じるにあたっては、当然のことながら、まず反証主義とデュエム＝クワイン・テーゼのそれぞれを明らかにしておかなければならないであろう。まず、私が支持しているポパーの反証主義から取り上げることにしたい。

二　反証主義（反証可能性の二つの意味）

ポパーの反証主義を理解するためには、かれ自身が明確に区別している反証可能性（falsifiability）の二つの意味を押さえておく必要がある。一つは、論理的な意味での反証可能性であり、もう一つは、理論や仮説が実際問題として反証されるかどうかという意味での可能性である。

前者、すなわち論理的な意味での反証可能性は科学と非科学の境界設定に関わるものである。そもそもポパーは、科学と非科学を区別するために反証可能性の規準を提案したが、その規準というのは、ある言明ないし仮説、理論が科学的であるのは、その言明ないし仮説、理論が反証可能であるときかつそのときに限る、というものである。そこで、反証可能ではないものは、それ自体としては科学の外に置かれることになる。

さて、この規準の中で用いられている「反証可能性」の意味は、ポパーによれば、純粋に論理的である。[2] ある言明ないし仮説、理論が反証可能であるのは、その言明ないし仮説、理論と論理的に矛盾する少なくとも一つの可能な基礎言明が存在するときかつそのときに限るという。例えば、「すべてのスワンは白い」という言明（科学において「仮説」と呼ばれるものであり、それは一般に、全称言明の形で表現される）は「しかじかの時、しかじかの場所に、一羽の黒いスワンが存在する」という経験可能な言明（ポパーはこれを「基礎言明」と呼び、それは単称存在言明の形で表現される）によって反証可能である。この意味は、これらの言明が両方とも同時に真であることは論理的に不可能だということであって、当の基礎言明が実際に真であり、したがって全称言明が実際に偽であるということは含意されてはいない。その基礎言明を真だと仮定（容認）すれば、それと矛盾する全称言明は反証されることになるということだけである。これが、論理的な意味での「反証可能性」、「反証」である。例として挙げた「すべてのスワンは白い」という言明は、論理的な意味で反証可能なので、ポパーの規準によれば、それはまさしく科学的言明だということになる。

ちなみに、論理実証主義の検証可能性（verifiability）は論理的にも不可能である。例えば、白いスワンの事例を真だと仮定してもそのことから、「すべてのスワンは白い」という仮説は検証できない。実験ないし観察に基づく経験的言明が仮説を肯定的に支持する場合でも、そのことによって仮説が真であるという結論は下せないからである。

この原理的な反証の可能性と、検証の不可能性は単純な論理的自明の理であるかもしれない。だからといって無視すべきではない。反証と検証におけるこの非対称性を明確に主張したのがポパーであり、したがって、決定実験の不可能性によってデュエムは検証の不可能性を立証したが、反証の不可能性は立証していないとポパーが主張することには一理ある。[3] デュエムはこの非対称性を当然知っていたかもしれないが、決定実験における反証の可能性（あるいは反証の不可能性）について明確には述べていないからである。

この非対称性の意義については、反証主義を批判（否定）したとされるT・S・クーン（一九二二―一九九六年）ですら、次のように明言し、ポパーを支持している。「『探究の論理』の中で、カール卿は、経験的証拠との関係における一般言明とその否定との非対称性を強調した。科学理論は、そのあらゆる可能な事例にうまく適合するということは立証しえないが、ある事例にはうまく適合しえないということを明らかにできる。この論理的自明の理とその含意が強調したことは、一歩前進であり、そこから後退してはならないものだと私には思われる」と。[4]

ところが、野家氏が論じている「反証可能性」、「反証不可能性」はこの論理的な意味においてではなく、実際上のそれである。すなわち、仮説や理論と衝突する実験や観察が実際に反証の危機にさらされたとき、反証を回避することによって、理論や主要な仮説を反証から救うことができるので、理論や主要な仮説は反証不可能であると論じており、しかもこの主張を、氏はデュエム＝クワイン・テーゼとみなしているからである。[5] この議論によって、氏が論理的な意味での反証可能性まで否定しようとしているのかどうかは不明であるが、デュエム＝クワイン・テーゼによって論理的な意味での反証可能性をも否定しようとすることは端的に誤りである。後で詳しく論ずるが、デュエム＝クワイン・テーゼはそもそも論理上ではなく実際上の反証可能性についてのものだからである。

論理的な意味での反証可能性は成り立つのであって、この意味での反証主義に異を唱えるものはいないといってよいであろう（ただし、無条件に成り立つわけではなく、約束主義的解釈をしない限りにおいてはという条件付きである）。[6]

しかし、ここでの議論は当然、論理的な意味での反証主義に留まるものではない。ポパーの反証主義は、論理上の反証可能性だけではなく、実際上の反証可能性も主張しているからである。ポパーによれば、科学史上、科学理論の反証は実際に生じたのであり、しかも、科学者がそのような反証を無視することなく、反証から学び、理論を修正していくことによって科学的知識は成長していくというのである。ここにおいて反証主義はデュエム＝クワイン・テーゼと関わってくることになる。というのは、デュエム＝クワイン・テーゼによって、理論ないし主要な仮説の反証が実際に生ずるかどうかが問われているからである。

三　野家氏の見解

まず野家氏は、ポパーが論理的な意味での反証可能性の規準によって解決しようとした、科学と科学でないもの——氏の言い回しによれば、科学と物語（形而上学、非科学）——との境界設定の問題に言及する。次に、その解決案として提出された論理実証主義の主張とポパーの主張を取り上げ[7]、そのどちらも成立しないことを、氏の解釈に基づくデュエム＝クワイン・テーゼを用いて論じている。氏によれば、論理実証主義の主張というのは、科学理論は検証可能であり、したがって、検証可能性の規準によって科学と科学でないものは区別可能であるというものである。他方、ポパーの主張というのは、科学理論は反証可能であり、したがって、反証可能性の規準によって区別可能であるというものである。前者、論理実証主義の検証可能性の規準は、すでに二節で述べたように、そもそも論理的に成立しない。

さて、先ほど、氏が論理的な意味での反証可能性までも否定しようとしているのかどうか不明瞭であると述べたが、それは境界設定の問題（論理的な意味での反証可能性の問題）と、デュエム＝

クワイン・テーゼから生ずる問題（実際上の反証可能性の問題）とは異なるにもかかわらず、氏が、デュエム＝クワイン・テーゼを用いて境界設定の問題を論じているからである。さて氏の論点はこうである。

論理実証主義者とポパーの主張は共に、決定実験——論理実証主義者の場合には「肯定的」決定実験、すなわち、理論、仮説の検証、真理性の立証（verification）であり、ポパーの場合には「否定的」決定実験すなわち、理論、仮説の反証（falsification）である——の存在を自明の前提として成り立っていた。しかし、決定実験の不可能性を唱える「デュエム＝クワイン・テーゼ」によってその前提が覆えされるので、そのどちらも成り立たないことが判明したのだと。そして、デュエムの結論を引用している。しかし、「物理学理論の真理は、〔粒子説と波動説の〕いずれとも決定されない」という、このデュエムの結論[8]だけからは、「理論の検証、真理性の立証」が不可能であることを導きだすことはできるかもしれないが、「理論の反証」が不可能であることを導きだすことはできないと反論することができる。そこで、氏はその反論を前もって想定しており、次のように主張する[9]。

> だが、仮説の検証はできなくとも、ポパーの言う反証、すなわち否定的決定実験ならば成り立ちうるのではないか、と思われるであろう。しかし、デュエムのテーゼは、これも否認する。

仮説の反証、すなわち否定的実験が不可能であることの理由として、氏は、実験にかけられるのが補助仮説や背景知識をも含めた「理論全体」であるというデュエムの論点を挙げた後、次のように主張する。[10]

たとえ実験結果が否定的であり、「反例」が見いだされたとしても、理論にとって末梢部分に属する補助仮説を修正したり、新たにアド・ホックな仮説をつけ加えることによって、「理論全体」としてはその反例を回避することが可能なのである。

そして、そのような事例を科学史から列挙し、最後の結論として「決定実験は常に後知恵でしかない」というラカトシュ（デュエムでもないし、クワインでもない！）を引用することによって、[11]理論を実際の場面で反証することは不可能であり、したがって科学理論の反証可能性を主張するポパーの反証主義は成立しないと主張する。野家氏は、デュエム＝クワイン・テーゼをこのように解釈しているのである。さて、ようやく、氏の見解を検討すべきときがきた。

四　野家氏の見解の検討

（一）デュエム＝クワイン・テーゼ

デュエム＝クワイン・テーゼとは通常、実験的テストにかけられるのが個々の仮説ではなく、補助仮説や初期条件を含めた理論全体（theory as a whole）であるというホーリズムの主張として理解されている。

ところが、この主張からは、理論の反証は不可能であるということは必ずしも帰結しない。デュエムの『物理理論の目的と構造』のⅡ部6章2節の見出しには、次のように明記されている。

物理学上の実験というものは、単独の仮説を偽としうるということはけっしてなく、ただ理論の全体を偽としうるのみである。

ここに明白なように、デュエム自身は、物理学上の実験が理論の全体を偽とする（condemn）可能性があることを認めているからである。(12) しかしながら、続く同書の3節の見出しでは、デュエムは次のように述べている。

「決定実験」は物理学において不可能である。

つまり、デュエムは、理論全体の反証可能性を容認する一方で、決定実験の不可能性を説いているようにみえる。かれの真意はどこにあるのだろうか。

(二) デュエムの決定実験不可能性について

野家氏が引用されたデュエムの主張は、物理理論の場合、数学（幾何学）の理論とは異なり、帰謬法によって二つの仮説のうちどちらかを決定的な仕方で真とすることはできないという主張である。この意味での決定的実験は、氏も指摘しているように「肯定的決定実験」と呼ぶことができるであろう。この肯定的決定実験が不可能である理由は、デュエムによれば、第三の仮説の可能性を想像することが可能だからである。この点を理解するには、論理的思考の代表的例である数学の場合と、経験科学の代表である物理学の場合を考えてみるとよいだろう。大方の数学の場合には、矛盾する二つの命題の証明と反証は対称的であり、一方が真であることを証明すれば他方は偽ということになり、また一方が偽であることを証明（反証）すれば、帰謬法によって他方が真ということになる。だが、デュエムによれば、物理理論の場合には、一方の偽を証明することは、他方の理論の真なることを立証することにはつながらないという。[13] 物理理論に関するデュエムのこの主張はたしかにその通りであろう。他方の理論とて、現時点では反証されていないとしても、将来において反証され、偽とされるかもしれないからである。

対立する二つ以上の理論が実験によってことごとく偽となる可能性が存在するならば、物理理論を反証する可能性は、やはり、存在するといわざるをえないことになるのではなかろうか。具体例にそくして考えてみよう。T・ヤング（一七七三―一八二九年）の光の干渉の実験やA・J・フレネル（一七八八―一八二七年）の光の回折の実験は、少なくともI・ニュートン（一六四二―一七二七年）の粒子説を反証したとみなすことができる。光の直進を主張する粒子説からは、光の干渉や回折という現象が生じるはずがないからである。この単純な意味で、ヤングやフレネルの実験を（否定的）決定実験とみなすことができよう。実はデュエムもニュートンの光の放射理論について、光速度が空気中より水中において小さいことを示したJ・B・L・フーコー（一八一九―一八六八年）の実験に言及しながら、「そこからはフーコーとともに、放射理論体系は事実と両立しないということを結論づけることが可能である」と述べている。[14] これはニュートンの光の放射理論体系が、ポパーの言葉でいえば、反証可能であることの指摘である。ポパーは、個々の仮説（例えば、単純な経験的一般化）の反証可能性だけではなく、理論体系（the whole system）の反証可能性についても当初から述べていた。[15]

他方、波動説の方はこれらの実験では当然反証されなかったが、だからといって、真であることが立証されたわけではない。後に波動説も、飛び出す電子のエネルギーが光の強さに無関係であることを示す光電効果に関わる実験によって反証されたとみなすことができる。金属に光をあてると物質内電子が外に放出される光電効果について、波動説では、光の強さに応じて放出される電子のエネルギーも大きくなると予測される。ところが、電子のエネルギーは金属の違いによっては異なるが、光の強度には依存せず、一定だという実験結果が確認されているからである。

したがって、デュエムによる決定実験の不可能性の議論だけでは、肯定的決定実験は否認されるとしても、否定的決定実験は必ずしも否認されない。

そこで、否定的決定実験を否認しようとして、野家氏が次に提出する議論は、三節の最後に引用しておいたが、次のような主張であった（大事な箇所なので再度、引用させていただく）。

たとえ実験結果が否定的であり、「反例」が見いだされたとしても、理論にとって末梢部分に属する補助仮説を修正したり、新たにアド・ホックな仮説をつけ加えることによって、「理論全体」としてはその反例を回避することが可能なのである。

ここからも明らかなように、氏は、いわゆる「約束主義的戦略（Conventionalist Stratagems）」に依拠している(16)。この約束主義的戦略が理論の反証不可能性という氏の主張の根拠になっているので、この戦略を氏は「デュエム＝クワイン・テーゼ」とみなしているということがわかる(17)。

（三）約束主義的戦略

約束主義的戦略とは、たとえ実験結果が否定的であり、反証事例が見つかったとしても、理論にアド・ホックな補助仮説を導入したり、理論の基本的定義を秘密裡に変更したり、実験家の信頼性を疑ったり、理論を脅やかしている実験結果の信頼性を疑ったり、理論家の能力を疑ったり、さらにはどんな矛盾する証拠に対してもそれを認めることを単に拒否したりすることによって、理論の反証を回避することが可能であるという主張である。実際、ドグマティックな科学者が批判や反証を真摯に受け取らないということは当然、生じる。例えば、かれはいろいろな約束主義的戦略を用いて、理論を批判に対して免疫化することによって反駁を回避しようと努めることができる。このような約束主義的戦略によって、反証、否定的決定実験は実際上、不可能になるのであろうか、これがまさに争点である。

否定的実験結果によってつきつけられている反証は理論全体であり、その実験結果と論理だけから反証の原因がどこにあるのかを見いだすことはできないという主張をデュエムはしているが[18]、これはおそらく正しいであろう。主要でない補助仮説に原因があるかもしれないし、初期条件に誤りがあるかもしれないし、さらには実験結果に誤りがあり、実際には反証結果ではないということもあるかもしれない。しかし、主要な仮説に誤りがあるかもしれないということも可能性の一つとしてある[19]。

その際、理論の修正をまったくせず、ただ単にアド・ホックな仮説をつけ加えることによって反証を回避することができないことはいうまでもない。例えば、理論全体をTとし、それが反証された場合、そのTを修正しない限りTは反証されたままであるから、それにどんなアド・ホックな仮説をつけ加えたとしてもやはり反証されたままである。したがって、反証に直面した場合、理論のどこかを修正しなければならないということが要請される。この要請が反証主義の重要な論点の一つである。

しかし、私たちは残念ながら、必ず成功するような修正を発見するためのいわゆる「発見の論理」をもちあわせてはいない。そこで実験結果と矛盾する実験予測を導出するのに関わった、理論体系内の個々の仮説のさまざまな誤りの可能性を追究し、さまざまな修正に取り組み、それぞれを新たな理論の構築の試みとみなし、それぞれに応じて、再び、経験的テスト、反証の試みにかけようと努力する。これがまさに「推測と反駁」の過程である。

この過程において、理論の末梢部分に属すると思われる補助仮説を修正することによって、理論を救うことは常に可能であろうか（ここでは「常に」であるかどうかが重要である。もし理論を救うことが常には可能でないとするならば、理論全体あるいは主要仮説が反証されたとみなすことができるからである）。さて、実際に補助仮説を修正することによって理論を救うことは容易なことではない。ここでも例にそくして考えてみよう。

天王星の変則的な運行が、新たな惑星の発見（海王星）によって説明することができたという事実はよく知られている。太陽系の惑星の数に関する補助仮説の修正の結果、運動の三法則と万有引力の法則を含むニュートンの理論は維持されたのである。しかし、水星の変則的な運行は、ヴァルカンという未知の惑星が存在するという仮説によって救うことはできなかった。U・J・J・ルヴェリエ（一八一一―七七年）の戦略は前者では成功したが、後者では、ヴァルカンは発見されず、成功しなかった。したがって、この時点ではニュートン理論を救う手だてが実際に見つかっていなかったわけで、その時点ですでに、ニュートン理論は反証されているとみなすことができるのである[20]。理論を救う手だてが見つかっていない時点で、反証されたとみなされるのであるから、これは、ラカトシュの意味での後知恵ではない。後から否定的決定実験であるとみなされたのではなく、その時点で反証されていると考えざるをえないからである。

グリュンバウムは、次のような議論を用いて、反証回避のために補助仮説を修正する試みが実際上、常に可能であるわけではないということを示している[21]。

理論T_1（これは主要仮説H_1と補助仮説A_1からなる）から実験結果の予測P_1がなされ、他方、理論T_2（これは主要仮説H_2と補助仮説A_2からなる）からは実験結果の予測P_2がなされたが、実験結果としては、P_2ではなくP_1が確認されたとしよう（ちなみに、デュエムの意味とは異なるが、P_2とP_1の間には決定実験がある。すなわち、予測P_2は実験によって反証されたとみなされるのである）。理論T_2の主要仮説H_2を反証から回避するためには、A_2に反証の原因を帰し、A_2の代わりにA_3を考案し、しかもそこからP_2ではなくP_1を導出できなければならないことになる。確かに、$(H_2 \wedge A_3) \cup P_1$を満足するような$A_3$は、トリヴィアルな意味（とるに足りない意味）では存在する。（例えば、P_1をA_3だとみなせばP_1を導出することが可能だからである。）しかし、A_3はトリヴィアルではない意味では常に存在することが決まっているわけではないという。したがって、理論T_2の主要仮説であるH_2が実際に反証される可能性があるとして、ポパーの反証主義を擁護するのである。

ここで「トリヴィアルではない意味」というのは、P_1を導出することのできるA_3を実際に考案することは容易なことではなく、しかもそれが実際にできたとしても、その補助仮説もまた主要仮説とは独立にテストされる可能性があり、その結果、反証される可能性があるということである。先の海王星とヴァルカンの例でいえば、未知の惑星の存在に関する補助仮説はニュートン力学の主要仮説とは独立にテスト可能であった。そして前者では、海王星の発見によって天王星の軌道のずれを説明することができたが、後者では、ヴァルカンは発見されなかったので、水星の近日点の移動[22]はニュートン理論によっては説明できず、したがって、反証されたままであった。このヴァルカンの例は、補助仮説の導入、修正によって常に主要仮説を救うことが可能というわけではなく、主要仮説が偽である可能性を示す例といえよう[23]。

グリュンバウムの議論が正しいとするならば、約束主義的戦略は、トリヴィアルな意味では真であるかもしれないが、トリヴィアルではない意味では真ではないことになる。グリュンバウムによって批判されたクワイン自身も、その点を率直に認め、次のように述べている。[24]

> デュエム＝クワイン・テーゼをトリヴィアルでないものとみなした場合には維持できないというあなたの主張は説得力があると思う。……私としては、私が用いたテーゼはおそらくトリヴィアルなものであるといいたい。

さて科学者は、理論の反証に直面した場合、その理論の反証を回避できる可能性があることを指摘するだけでこと足りるであろうか。科学者は、具体的に補助仮説を修正するなり、主要仮説を修正するなり、あるいは全く新たな仮説を考案することによって、反証が実際に克服されるような理論を提出することが要請されているのではなかろうか。すなわち、例えば、実際にA_3を考案する必要があるということだが、これがトリヴィアルな作業ではないことは明白であろう。

理論を救う手だてが実際に考案されない限り、理論は反証されているとか、あるいは少なくとも反証の危機にさらされていると判断することができる。先にも述べたとおり、この判断は後知恵とはいえないであろう。しかも、反証主義の立場によれば、反証の危機を直視することが批判的合理性にとって必要な条件であり、しかも知識の成長にとっても必要な条件である。矛盾（反証）の認知およびその克服の試みが合理性の要だからである。

五　デュエム＝クワイン・テーゼ?

デュエムとクワインは、反証主義を否定するようなデュエム＝クワイン・テーゼを主張していた（いる）のであろうか。

グリュンバウムはデュエムを対象にして批判を展開していたが、当のデュエムは、そのような主張をしているわけではない。デュエムは次のように述べているからである。かれの主張をいくつか列挙しておこう。[25]

実際、普遍的に受け入れられる規約と化した仮説……を、永遠に確かなものと信じないように十分注意しなければならないであろう。物理学の歴史がわれわれに示すところによれば、人間精神は、何世紀もの間、共通に一致して不可侵の公理とみなされてきた原理をかなりしばしば全面的に覆し、物理理論を新たな仮説の上に再建するよう促されてきたのである。

「われわれは、それがいかに厳密な実験であろうとも、ある新たな実験のせいで当の仮説を放棄するに至るということは決してないであろうと確信する」などと発言するのは極めて不用意なことである。

このこと［力学の原理や倍数比例の法則などを直接的な実験的テストにかけようとすることは馬鹿げているということ］から、直接的な実験による反証の及ばないところに置かれている仮説はもはや実験を恐れる必要は全くないということが帰結するのだろうか。こういった仮説は、事実の観察がわれわれに与えてくれる発見がどのようなものであれ、不変のものであると保証されるのであろうか。そう主張するとすれば、深刻な誤りを犯すことになるであろう。

理論の目的は経験法則を表象することである。このような理論は本質的に事実と照合されるように定められた図式である。ところが、この照合が、ある日、以下のことを告げる、すなわち、われわれの図式を複雑にする諸々の修正では、この図式と事実との間の満足な一致をもたらすには十分ではないということ、そして、長い間、異論なく受け入れられてきた理論が放棄されねばならないということ、したがって全く異なった理論が全面的に新しい仮説に基づいて構成されなければならないということを告げる、ということが十分ありうる。その日には、単独に取りあげられる限り経験の直接的反証に耐えてきたわれわれの仮説のうちの一つが、全体としての体系がもたらす諸帰結に対して現実〔実在〕が押しつける反証の重みに耐えかねて、それが支える体系とともに崩壊するということになる。

もはや明らかであろう。物理理論は全体として反証可能であるし、歴史的に、実際、反証されてもいるというのである。もしデュエムがいま生きていて、約束主義的戦略が自分に帰せられていることを知ったら、何というであろうか。

では、クワインの方はどうであろうか。クワインが「ホーリズム」を主張し、しかもその先駆者であるとしてデュエムに言及したことはよく知られている。[26] 結果的にクワインの主張は、デュエム＝クワイン・テーゼとして知られるようになったのである。そのときの論文、「経験主義の二つのドグマ」をクワインは回顧して、「私が後悔していることの一つは、不必要にホーリズムの強い主張をしてしまったことである[27]」と述べ、「二つのドグマ」の中のよく引用される有名な箇所を自ら引用し、次のように述べている。

> 経験的に有意味な単位は科学全体である。……どんな言明でも、もしわれわれが体系の中のどこか他のところで十分徹底的な調整をするならば、どんなことが起きようとも、真理を保持しうる。……逆に、どんな言明も改訂を免れないのである。

これは確かにある種の形式主義的な法律上のいい方においてはもちろん正しいが、しかし、これはより重要な論点から注意をそらすものである。……後の著作において、私は科学の全体ではなく、科学の塊り（chunk）に訴えた。科学の塊りとは、意味の臨界量を十分に含んでいる文の集合体（cluster）のことである。これによって、私が意味していることは、観察可能な実験条件に基づく観察可能な結果を含意するのに十分な大きさの集合体である。

現在では、私はこの問題を観察定言文（observation categoricals）と私が呼ぶ用語で定式化している。観察定言文というのは、「これのときは、いつでもあれ」という形の一般化である。ここでは、「これ」と「あれ」とが観察文に相当する。……文の集合体は、もし観察定言文を含意するならば、意味の臨界量をもっているといえる。そして、文の集合体の実験的チェックは、観察可能な条件節の条件を整えたうえで、帰結節が実現するかどうかを見極めることによって、含意された定言文をテストすることからなるのである。

要するに、「全体」というものが、実験的テストが十分可能な程度の集合体に縮小されているのである。そして、この考えをかれは「穏健なホーリズム（moderate holism）」と呼び、さらにはその文の集合体が実験によって反駁される（refuted）場合についても言及している[28]。この穏健なホーリズムが反証主義を否認するものではないことは明らかであるように思われる。

結局、デュエムと（少なくとも現在の）クワインは両方とも、反証主義を否定するようなデュエム＝クワイン・テーゼを主張してはいないのである。

六　デュエム＝クワイン・テーゼとラカトシュ

第三節で言及したように野家氏は、デュエム＝クワイン・テーゼに拠るといいつつ、実際にはラカトシュに依拠して、ポパーの反証主義が成立しないことを主張していた。そこで、ラカトシュの議論にまで遡って考察する必要が生じる。もう一つ、ここでラカトシュを取り上げる理由がある。科学哲学、特に日本の科学哲学において、ラカトシュは、ポパーの反証主義に対する批判を克服するために、反証主義を精緻化し、「洗練された方法論的反証主義」（あるいは、「科学的研究プログラムの方法論」）を唱えたポパーの後継者であるとみなされている。しかし、私見によれば、ラカトシュの洗練された方法論的反証主義の「反証主義」はまったく反証主義的ではなく、有名無実である。このことを、かれのデュエム＝クワイン・テーゼに関する議論を検討することによって明らかにしたいと思う。この意味でも、ラカトシュのデュエム＝クワイン・テーゼに関する議論を検討することには意義があるだろう。

ラカトシュの論文には、原文で九ページほどだが、デュエム＝クワイン・テーゼと反証主義の関係についてのかれの見解が一目でわかる箇所がある。[29] ここでは主としてこの箇所を取り上げて検討することにしたいと思う。

ラカトシュによれば、デュエム＝クワイン・テーゼとは、次のようなテーゼである（「常に」と明言されていることに注意してもらいたい[30]）。

> 十分な想像力が与えられているならば、いかなる理論も、……「反駁」から救い出すことが常に可能である。

第四節（三）の約束主義的戦略の箇所で述べたように、このテーゼは、トリヴィアルな意味、すなわち、ただ論理的に可能であると主張する限りにおいては成立するが、他方、トリヴィアルではない意味では成立しない、すなわち、主要仮説に修正を加えることなく、補助仮説を実際に修正したり、新たな補助仮説を実際に提出したりすることによって、反駁から救い出すことは常に可能であるというわけではない。すでに論じたように、理論は、反証事例に出会ったとき、実際に修正が提出されるまでは、反駁の危機にさらされたままであるし、あるいは実際に修正案が提出されたところで、今度はそれが反駁される場合もあるからである。

したがって、デュエム＝クワイン・テーゼが、修正は論理的にいつでも可能であるというばかりではなく、実際上も常に可能であるのだとすれば、このテーゼは成立しないといわざるをえない。もちろん、修正の単なる論理的な可能性という意味に解釈されたテーゼは、トリヴィアルな弱いテーゼとして成立するであろうし、そのかぎりで反証主義者といえども異議を唱えないであろう。他方、修正の実際的な可能性という意味に解釈されたテーゼは、トリヴィアルではない強いテーゼということになるが、これはすでにみたように、成立しないであろうし、それにはデュエムもクワインも同意するであろう。

ところが、ラカトシュは、かれ独自の規準を用いて、デュエム＝クワイン・テーゼを弱いテーゼと強いテーゼとに分類する。それが、かれのいう弱い解釈と強い解釈である。ラカトシュの弱い解釈にもとづくデュエム＝クワイン・テーゼとはこうである(31)。

狭く特定された理論という標的を実験によって直接に打撃するのは不可能だということ、および無限に多くのいろいろなやり方で科学を形成することが論理的に可能であるということである。

ここに「論理的に可能である」とあるので、ラカトシュの弱い解釈によるテーゼは、単なる論理的な可能性だけを主張する、私の弱いテーゼと何ら変わりがないではないかと思われるかもしれない。しかし、そうではない。というのは、ラカトシュは、みずからの弱い解釈によるテーゼを検討している箇所で、単なる論理的な可能性とはいいきれない議論を展開しているからである。

また、この弱い解釈と強い解釈の対比は、先に私がおこなった、トリヴィアルな意味とトリヴィアルではない意味の対比、あるいは、穏健なホーリズムとホーリズムの強い主張の対比と何ら変わるところがないと思われるかもしれない。しかし、見逃せない相違点がある。それは私の対比が、反証主義と両立可能であるかどうかが規準になっているのに対し、ラカトシュの場合においてはそうではないという点である。ラカトシュのいう弱い解釈は、反証主義と抵触する。したがって私の分類からすると、後者、すなわち、トリヴィアルではない意味での強いテーゼに属するとみなされねばならないのである。

もう一つ看過できない点がある。ラカトシュの弱い解釈にもとづくデュエム＝クワイン・テーゼには「直接に」という言葉が挿入されていることである。反証主義を擁護する立場に立つならば、「直接に」という言葉を不用意に用いることはしないであろう。なぜなら直接に打撃することが仮に不可能であるとしても、何らかの方法を用いるなら、打撃できるかもしれないからである。問題は、推測やテストを用いながら、反証されるべきものを絞り込んでいくことにある。可能な限り反証にもっていけるようにと批判的態度を強め、しかもそれを高く評価しようとするのが反証主義である。

それに対して、ラカトシュが「直接に」という言葉をわざわざ入れているのは、その反対の方向、すなわち、反証や批判の意義を薄める方向に導こうとしているのではないだろうか。理論を反証から守るようなさまざまな方策は、自分の理論を独断的に守ろうとする一部の科学者によって開発され、また発達してきたとも考えられるのであるから、直接に打撃するのは不可能だといえば、それに異議を唱えるのはひじょうに困難だからである。しかし、要点は、「直接に打撃するのは不可能だ」という点にあるのではなく、「絞り込み」をどのようにして実現していくかという点にある。これを見失ってはならない。

さらにラカトシュに対する批判をつづけよう。かれの分類には、反証の価値を低めたり、排除したりするような議論が前もって組み込まれている。すなわち、弱い解釈には誰も反対できないであろうが、それに賛成するのであれば、反証主義が成立しないことを認めざるをえないであろう、と。くわえて、ラカトシュ自身は、デュエムが弱い解釈の立場に立っており、クワインは強い解釈の立場に近いとしている。しかし、デュエムはもちろんのこと、現在のクワインも反証主義を否定するような立場に立っていないことは本稿で明らかにした通りである。デュエムにしてもクワインにしても、ラカトシュの主張する弱い解釈を採用することはないであろう。このような微妙な問題では、強い解釈と弱い解釈は、どこで線引きするのかということがカギとなる。

さて、この問題を考えるため、ラカトシュ自身の議論を追いかけてみよう。弱い解釈にもとづくテーゼを詳細に検討するために、ラカトシュは次のような例を挙げる。(32)

h_1、「糸というものは、その糸の張力の特性を示す重量を超えるおもりを負荷されるときはいつでも、その糸は切れる」
h_2、「この糸の張力特性を表わす重量は一ポンドである」
h_3、「この糸につけられたおもりは二ポンドだった」
o、「二ポンドの鉄のおもりが時空上の位置Pにあるその糸につけられたが、その糸は切れなかった」

これは、反証的な実験結果であるoの成立を認めるかぎり、主要仮説h_1が反証の危機に直面している状況である。これら四つの言明がすべて同時に真であることは不可能である。したがって、どれかの言明を真でないものとして却下しなければならないであろう。そこでラカトシュは、単なる可能性の指摘だけではなく、h_1からoに至るすべてについて、それぞれを却下する実際の例を挙げる。

（a）h_1の却下、[33]「おもりを負荷される」を「力でひっぱる」に置き換え、「実験室の天井の中に隠された磁石（あるいはいままでに知られていなかった力）があった」という新たな初期条件を導入する。
（b）h_2の却下、「その糸の張力は糸の湿り具合に左右される。実際の糸の張力は、糸が湿っていたので、二ポンドだった」

（c）h_3の却下、「おもりは一ポンドしかなかった。はかりが狂っていた」
（d）oの却下、「その糸は確かに切れたが、切れなかったと観察されたにすぎない」[34]

さて、この例において考えるべき点は何だろうか。弱い解釈によれば、理論を反証から救うことが論理的にいつでも可能であるということであった。この例では、h_1を救うために（b）から（d）までのどの却下も論理的には成立しうるように思われるだろう。つまり、そうすることによって、主要な仮説であるh_1を救うことができると主張されるかもしれない。しかも、これは仮想例なので、この主張は単なる論理的な可能性の指摘にすぎないと思われるかもしれない。しかし、仮想例だとしても、実際に修正案が提出されているのであり、しかも実際にこのようなことが現実に起きた場合、対処の仕方を実際に検討できるようになっている。ここには、単なる論理的可能性以上の実際的な主張が含まれているのである。

さて、単なる論理的な可能性であれば、どれを却下することもできるかもしれないと、可能性だけを主張することはできる。逆にいえば、他の部分を修正する可能性を主張することによって、主要な仮説を救うことができるかもしれないと、可能性だけを主張することはできる。しかし、何度もいうように、これが成り立つのは、修正案が実際に提出されることのない、トリヴィアルな意味においてだけである。

しかし、実際にはどうであろうか。h_1を救うために、それ以外を却下しようとして標的になっている（b）、（c）、（d）は、実際に却下することはできないということはないのだろうか。（b）、 （c）、（d）とも独立にテスト可能である。仮想例なので、実際の結果を示すことはできないが、（b）その糸の張力は糸の湿り具合に左右され、しかも湿っていると張力が強くなるという主張自体、テスト可能であり、反証可能である。仮に、その糸の張力は湿り具合には左右されないことが判明したとすれば、h_2を却下することはできないであろう。（c）はかりが狂っているかどうかもテスト可能であり、反証可能である。仮に、そのはかりが正常であることが判明したとすれば、h_3を却下することはできないであろう。（d）についても同様である。だとすれば、この事例においては、消去法により、h_1が反証されたとみなす以外には選択の余地はないであろう[35]。

それにもかかわらず、h_1を反証から救いたい科学者は、さらに新たな修正案を実際に提出する必要がある。少なくともそれまでは、h_1を救うことはできていないのだから、h_1は反証されていることになる。反証主義の擁護者であれば、このような議論を展開することができる。

ところがラカトシュは、理論ないしは主要仮説の反証というこの明白な結論をまったく述べることをしない。それどころか、かれは、以上のような却下（救出）の実際的事例を述べるだけで、突如、次のように結論する[36]。

（演繹的モデルにおける）諸々の前提のどれかを……（演繹的モデルの外側にある）われわれの知識全体のどこかはるか遠くの部分の変更に訴えかけることによって置き換え、それによって整合性を取り戻すやり方には、無限に多くの可能性がある。

ラカトシュは、反証にはまったく言及することなく、弱い解釈によるテーゼの検討結果をこう要約するのである。

ラカトシュは最初に弱い解釈を述べたとき、論理的可能性（logical possibility）と明確に述べていた。にもかかわらず、詳細な検討を加えたと称した後の要約では、無限に多くの可能性（infinitely many possibilities）と言って、「論理的」を省いている。すなわち、糸という実際の例を挙げ、実際の場面を論じた後の要約において、「論理的」という語をかれは省き、反証回避の単なる論理的可能性ではなく、実際上の可能性をほのめかす。論理的可能性が実際的可能性にすり替えられてしまうのである。これでは論点が曖昧になってしまう。あるいは、かれは秘密裡により強いテーゼを結論として主張しようとしたのだとも解釈できよう。

ラカトシュの支持するデュエム＝クワイン・テーゼは、弱い解釈とはいいながら、反証の意義を低め、反証主義とは衝突するという点で、私の主張する弱いテーゼより強いテーゼである。しかもそのテーゼは、いま分析したように、誰もが異論を唱えないものであるかのような巧妙な工夫を凝らしている[37]。ラカトシュは、弱いとはいえかなり強いデュエム＝クワイン・テーゼを支持している。そこで、次に述べる、さらに強いテーゼに対して反論を加えることは、容易ならざることになるであろう。

その議論に立ち入る前に、読者の皆さんだったらラカトシュの議論はどのように展開していくと想像されるであろうか。世間でいわれているように、ポパーの反証主義を洗練させ擁護しようとしたのがラカトシュであるとしたら、反証主義とは両立しない主張をしているクワインの強いテーゼには断固反対する議論を展開しているだろう、と想像されるであろう。

ラカトシュは、その問題を論ずる冒頭の所で、「『クワインの強いテーゼ』は、素朴反証主義者と洗練された反証主義者の両方から、執拗に反対されるだろう」と述べている。この発言を見ると、やはり想像は当たった。その後の展開は当然、クワインの強いテーゼに対する批判が展開されるはずだと思われるかもしれない。ところがである。ラカトシュは、外見上は、クワインの強いテーゼに反対しているという体裁をとりながら、実は反証主義を批判しているのである。では、その反証主義に対する批判とは何か。

ポパーはもちろんのこと、ラカトシュも素朴反証主義者ではないので、その点を踏まえたうえで、ラカトシュによる反証主義への批判をみていくことにしよう。かれは、まず、強いデュエム＝クワイン・テーゼとは次のようなものであると述べる(38)。

強いデュエム＝クワイン・テーゼは、「〔理論修正の〕選択肢の中からどれかを選ぶどんな合理的規則をも排除する」と。

ここにおいて、ラカトシュは、このテーゼはあらゆる形態の方法論的反証主義と相容れず、しかも合理的規則を提出できない形態の方法論的反証主義はこの強いテーゼによって反駁されると示唆する。ラカトシュは、素朴反証主義のやり方が、「あまりにも恣意的である」と批判し(39)、自分の提唱する洗練された反証主義だけが、合理的規則を提出することができると主張する。それによって、

この強いテーゼを反駁しようとするかのような議論の体裁になっている。(40)

では、合理的規則とはどのようなものになるのか。ラカトシュの議論にしたがうと、反証主義が成立するためには、科学者が実際に反証から理論を救う選択肢を提出した場合、その選択が合理的であることを明確に説明できなければならない。しかし、これは奇妙ではないだろうか。なぜ、合理的であるという自己正当化が必要なのであろうか。反証主義者なら、自己正当化などせず、さらなる反証にさらすだけで十分と考えるのではないだろうか。ラカトシュの要請は、反証主義からのおおいなる逸脱であり、反証主義者に、その主義に反した過度な説明責任を負わせるものである。理論に対する反証の成功を高く評価し、そこから学ぼうとすることに反証主義の精神がある。四節の最後でも述べたように、矛盾（反証）の認知およびその克服の試みこそが合理性の要であって、そのこと自体およびそれから先のことを正当化しようとすることは反証主義とは立場を異にすることになるだろう。

反証主義にとっては、理論修正による反証回避の合理性はそもそも問題にならないはずであり、そのような説明はまったく必要ないのである。

ところが、ラカトシュによれば、反証主義は反証回避策が合理的であることを説明できなければ、ラカトシュの解釈に基づく強いデュエム＝クワイン・テーゼを反駁することはできず、しかも、その反駁に成功しなければ、反証主義は成立しないとされるのである。ラカトシュは正当化主義の罠にはまっているようである。かれは合理的規則なるものを説明しようとして、次のように述べている。(41)

洗練された反証主義者は、科学の本体のいかなる部分も他のものと取り替えてもかまわないと考えるが、ただしそれは、取り替えることによってうまく新奇な事実を予測できるような、「前進的な」やり方で取り替えること、という条件を満たす場合に限られるのである。かれの反証の合理的再構成においては、「否定的決定実験」は何の役割も演じない。かれは、聖なる堅固な核（hard core）をもつ自分たちのお気に入りの研究プログラム……の中につめ込めるものはなんでも入れてしまおうと企てている一群の才気ある科学者たちについて、間違っているところは何もないと考える。

ラカトシュは、「取り替えることによってうまく新奇な事実を予測できるような、「前進的な」やり方で取り替えること」というのが理論修正の規則であり、しかもそれは合理的な規則であると主張している。この規則の合理性を説明しようとしたのが、かれの「科学的研究プログラムの方法論」である(42)。この引用だけからもわかるように、かれの立場は反証主義ではない。傍点にあるように、かれは、否定的決定実験は何の役割も演じないと断じているからである。

これだけでも、ラカトシュの科学的研究プログラムの方法論が、洗練された反証主義ではけっしてないことは明らかであろうが、以下、科学的研究プログラムの方法論が反証主義と相容れないものであることを、ラカトシュの主張を若干、引用することによって、示しておこう。

科学的研究プログラムのすべては、それぞれがもっている「堅固な核」によって特徴づけられるといえよう。研究プログラムの否定的発見法は、われわれがこの「堅固な核」に否定式（modus tollens）を向けるのを禁ずる。[43]

方法論的反証主義者たちにとっては、決定的な事例というのは……上回る情報をもつ験証事例（corroborating instances）である。……われわれはもはや、数千の瑣末な実証事例にも、またたやすく入手できる数百の変則例にも関心をもたない。ごく少数の死活的な上回る実証事例（excess-verifying instances）が決定的なのである。[44]

数百の既知の変則例にもかかわらず、われわれはその理論を、われわれがより良い理論を手に入れるまでは、反証されたものとは見なさない。[45]

科学は先導する「反駁」がなくても成長できる。[46]

ここに引いたラカトシュの主張が成立しえないことは、いわゆるデュエム＝クワイン・テーゼ（ホーリズムの強い主張）を論じたときにすでに明らかにしておいたところである。「科学は先導する「反駁」がなくても成長できる」などということではなく、反証や反駁を認めることが、科学の前進、成長のための第一歩だったのである。

結論を述べておこう。野家氏の議論が、いまとなっては担い手のいないデュエム＝クワイン・テーゼなるものに依拠していたことはすでに論証した。また、氏が実質的に依拠していたラカトシュは、反証主義の擁護者に見えて、実はその敵対者であった。しかし、そのラカトシュが、ポパーの反証主義を棄却しようという意図のもとに、強い解釈として提出したデュエム＝クワイン・テーゼなるものもまた「担い手のいないデュエム＝クワイン・テーゼ」だったのである。

(1) 本稿は日本科学哲学会学会誌『科学哲学』三一、一九九八年に掲載された拙稿「デュエム＝クワイン・テーゼとポパー」を大幅に改訂したものである。また六節は新たに付加したものである。秋田大学での講義、「現代思想論Ⅱ」で、当日出席していた受講学生（小野寺伸也、近藤扶美子、佐藤希、清水紘、日比谷香、藤原崇、三浦実希子）に読んでもらい、難しい箇所やわかりにくい箇所について意見を求めた。かれらの率直な意見がなかったら、このような改訂はできなかったであろう。この場を借りて、お礼をいいたいと思う。

(2) ここでは詳説するゆとりはないが、ポパーは、理論の解釈には、約束主義的解釈と経験主義的、反証主義的解釈という少なくとも二つの解釈の可能性があることを指摘しており、理論を約束主義的に解釈した場合には、それが反証可能でないことは率直に認めている。*The Logic of Scientific Discovery*, pp. 72-74, 82. 邦訳、八八―九一ページ、九九―一〇〇ページ。ただし、ひとたび反証主義的解釈を採用すれば、論理上の反証可能性を維持することが可能である。この点については、拙稿、「約束主義的解釈と約束主義的戦略」、『ポパーレター』、日本ポパー哲学研究会、九巻、一号、一九九七年五月、一一―一三ページ。ちなみにポパーは、デュエムを約束主義者の一人に挙げているが、約束主義的解釈をするような約束主義者ではない。Pierre Duhem, *The Aim and Structure of Physical Theory*, Athenam, New York, 1981, pp. 212-216. 邦訳、ピエール・デュエム、『物理理論の目的と構造』、小林道夫、熊谷陽一、安孫子信訳、勁草書房、一九九一年、二八七―二九二ページ。ひとたび反証主義的解釈を採用した後の、単純な個別的な仮説の場合ともっと複雑な理論体系の場合における反証可能性の詳細な考察については、Gunnar Andersson, *Criticism and the History of Science*, E. J. Brill, *Leiden*, 1994, pp. 11-21 参照。. 私はG・アンダーソン（一九四二年―）による反証主義（かれは「批判的反証主義」と呼ぶ）の擁護に基本的に賛成であり、しかもかれから多くのことを学ばせていただいた。

（3）K. R. Popper, *Conjectures and Refutations: The Growth of Scientific Knowledge*, Routledge & Kegan Paul, London, 1963, p. 112, note 26. 邦訳、『推測と反駁』、七三二ページ。

（4）Thomas S. Kuhn, Logic of Discovery or Psychology of Research?, *Criticism and the Growth of Knowledge*, edited by I. Lakatos and A. Musgrave, Cambridge University Press, London, 1970, p. 13. 邦訳、T・S・クーン、「発見の論理か研究の心理学か」、I・ラカトシュ、A・マスグレーヴ編『批判と知識の成長』、木鐸社、一九八五年、二六ページ。

（5）注10の引用文参照。

（6）注2参照。

（7）論理実証主義が検証可能性説によって解こうとした問題と、ポパーが立てた問題である境界設定の問題とが同じ問題であったかどうかについて疑問の余地があるが、それについては本書の小河原論文参照のこと。またポパーが境界設定の規準によって、科学と科学でないものを「峻別」（一五四ページ）しようとしたかどうかについても疑問の余地がある（野家氏はそこではポパーの名前を出してはいないけれども）。私見では、ポパーの境界設定の規準は「大雑把（rough）」なものであり、また境界設定の問題は、帰納の問題あるいは学習（知識の獲得・成長）の問題と比べればそれほど重要な問題ではないと考えている。また反証主義は境界設定の問題の解決案としてというよりはむしろ後者の問題の解決案として考えた方が興味深いと考えているが、こうした事柄については別の機会に論ずることにしたい。ポパーの境界設定の規準が「大雑把」なものであることは、神野慧一郎氏も、ポパーの言葉を引用しながら強調されている。「ポパー研究会講演草稿」、『ポパーレター』、日本ポパー哲学研究会、七巻、二号、一九九五年十二月、二五ページ。
(8) Duhem, *op. cit.*, p. 190. 邦訳、二五六ページ。傍点は引用者。
(9) 野家啓一『科学の解釈学』、新曜社、一九九三年、一五一ページ。傍点は引用者。
(10) 同上、一五一ページ。傍点は引用者によるが、ここが争点になると思われる。後で詳しく考察することにしたい。
(11) 同上、一五三ページ。
(12) Duhem, *op. cit.*, p. 183. 邦訳、二四七ページ。
(13) 数学の場合にも、帰謬法が無条件で成立するかどうかについては議論の余地がある。帰謬法を用いるには排中律が必要であるが、それを認めない論理学の立場もあるからである。
(14) Duhem, *op. cit.*, p. 187. 邦訳、二五一ページ。
(15) Popper, *The Logic of Scientific Discovery*, p. 76 参照。邦訳、九三ページ。ポパーがデュエムの著作を独語版で熱心に研究した節があるので、ここでのポパーの発言とデュエムとの相違は微妙であるが、ポパーが反証とそのポジティヴな意義を強調し、反証可能性を中心に据えた科学方法論を展開したのに対して、デュエムはそうしていないという点に相違がある。デュエムは物理理論を、分解することによって故障を特定できる時計にではなく、解剖のできない病人に例えている (Duhem, *op. cit.*, pp. 187-188. 邦訳、二五二―二五三ページ) が、ポパーは、病人の場合でもいわば胃カメラやCTスキャンなどを用いて病巣をできる限り特定化することができるし、しかもそうすべきであると主張するであろう。**K. R. Popper, *Realism and The Aim of Science*, pp. 187-189 参照。**
(16) さまざまな反証回避策を「約束主義的戦略」と名づけたのも、ポパー自身である。しかもこの約束主義的戦略を承知したうえで、ポパーが反証主義を提唱していたという事実は注目に値するように思われる。
(17) この戦略をデュエムやクワインが主張しているかどうかということについては、五節で検討することにしたい。
(18) Duhem, *op. cit.*, p. 185. 邦訳、二四九ページ。
(19) 約束主義的戦略として解釈した場合のデュエム＝クワイン・テーゼは、この可能性を否定する。さまざまな約束主義的戦略を用いることによって、常に主要な仮説を救うことができると主張しているからである。それに対して反証主義は、常にというわけではないと主張する。

（20）注22、23参照。

（21）Adolf Grünbaum, The Duhemian Argument, in *Can Theories Be Refuted?*, edited by Sandra G. Harding, Reidel, Dordrecht, 1976, pp. 116-131. 記号表現は若干変更した。

（22）水星の近日点の移動を最初に問題にしたのは、ルヴェリエであった。現在確認されている観測結果によると、水星は百年間に角度にして五七四秒（ルヴェリエの観測結果によると、五六五秒）ずつ近日点が移動する。ニュートン理論に基づいて、摂動〔他の惑星の引力の影響によって生じるずれ〕を考慮に入れ、理論的に計算すると、五三一秒になる。ニュートン理論ではこの四三秒（ルヴェリエの計算によれば、三八秒であった）のずれを説明することができなかったのである。次の注も参照のこと。

（23）ルヴェリエその他の科学者は、主要仮説であるニュートンの万有引力の法則などを維持したままで、太陽と水星の間の小惑星説や、太陽の扁平率から生じる可能性説など補助仮説の変更を提案したが、いずれも失敗した。その結果、主要仮説に疑いが向けられるようになっていった。N. R. Hanson, Leverrier: The Zenth and Nadir of Newtonian Mechanics, *ISIS*, 53, 1962, pp. 359-378 参照。反証主義の観点からみれば、一八四九年、ルヴェリエによって水星の近日点の移動が公表されて以来、ニュートン理論は反証の危機にさらされたのであり、それを説明しようとして考案されたニュートン理論のさまざまなバージョン（ヴァルカン説も含む）はそれぞれ反証されたと科学者はみなすべきなのである。John D. Greenwood, Two Dogmas of Neo-Empiricism, *Philosophy of Science*, 57, 1990, pp. 565-566. およびアブラハム・パイス著『神は老獪にして――アインシュタインの人と学問』、産業図書、一九八七年も参照のこと。

（24）W. V. Quine, A Comment on Grünbaum's Claim, in *Can Theories Be Refuted?*, p. 132. このコメントは、グリュンバウムの別の論文についてのものであるが、グリュンバウム自身も注（p. 178）で断わっているように、先の論文と基本的に同じ議論が展開されている。Adolf Grünbaum, The Falsifiability of Theories: Total or Partial? A Contemporary Evaluation of the Duhem-Quine Thesis, in *Boston Studies in the Philosophy of Science*, Vol. I, edited by M. Wartofsky, Reidel, Dordrecht, 1963, pp. 178-195.

（25）Duhem, *op. cit.*, pp. 212, 215, 215-216. 邦訳、二八六―二八七ページ、二八七―二八八ページ、二九一ページ、二九二ページ。

（26）W. V. Quine, Two Dogmas in Retrospect, *Canadian Journal of Philosophy*, Vol. 21, No. 3, 1991, p. 269で、「二つのドグマ」の注の中で、デュエムが言及されていることに触れ、当時はデュエムを知らなかったが、後にC・ヘンペル（一九〇五年―）とP・フランク（一八八四―一九六四年）によって関心を促され、『論理学的観点から』を出版する際に、デュエムを挿入したのだと述べている。

（27）Ibid., p. 268. 傍点は原文イタリック。

（28）Ibid., p. 269. また一九九二年に出版されたクワインの著書、*Pursuit of Truth*, Harvard University Press においてもクワインは「穏健なホーリズム」を主張している（pp. 13-16）。さらにはポパーに言及し、ポパーの反証主義を支持する議論まで おこなっている（pp. 12-13）。

（29）Imre Lakatos, Falsification and the Methodology of Scientific Research Programmes, *Criticism and the Growth of Knowledge*, pp. 180-188. 邦訳、I・ラカトシュ「反証と科学的研究プログラムの方法論」、『批判と知識の成長』、二五六―二六八ページ。以下のラカトシュの引用はこの論文からである。訳文を改めた箇所もある。

（30）Lakatos, p. 184. 邦訳、二六一ページ。傍点は引用者。そして、このテーゼ自体については、以後、批判の試みをするどころか、言及すらしない。しかし、拙稿で論じたようにまさにここが争点であった。すなわち、反証主義はこれを否定し、常に可能というわけではなく、主要仮説が反証される場合もあるというのである。ところが、ラカトシュはこの点については検討することなく、かれ自身の規準による弱い解釈と強い解釈の区別へと移る。

（31）Lakatos, p. 184. 邦訳、二六二ページ。傍点、引用者。

（32）Lakatos, p. 185. 邦訳、二六三ページ。

（33）ラカトシュは、理論の却下の例も自分自身で言及している。したがってラカトシュにとっても、理論を反駁から救い出すことが常に可能ではないことは明白であろう。にもかかわらず、なぜかれはこの点を明言しなかったのであろうか。その答えは、かれが反証主義者ではないからである。

（34）原文では、'the thread did not break' となっているが、これでは o の却下にはならない。'the thread did break'（その糸は切れた）の誤記であろう。

（35）注33でも述べたように、ラカトシュは h_1 の修正案を提出している。しかし、修正案が提出される以前においても

h_1は反証されているとみなすことができるし、しかもそうすべきである。反証から救う手だてが実際に見つかっていないからである。このことは注45の引用文のラカトシュの主張に対する反論となる。

(36) Lakatos, pp. 185-186. 邦訳、二六四ページ。

(37) 弱い解釈、強い解釈というのは相対的なものであって、私よりさらに弱い解釈をすることによって、ラカトシュを批判し、反証主義を擁護する試みもある。それはJ・アガシ（一九二七年―）の試みである。かれはいう。「理論は反駁から救い出されるはずだというひとは、それによって、理論が反駁されていることを認めてしまっている」と。そしてこの主張を壊れた壺の例にたとえ、どんな壺〔理論〕も実際には破壊可能〔反証可能〕ではない、なぜなら壊れている壺のかけらはすべて修復可能なのだからという主張は愚の骨頂であるという。壺〔理論〕を修復〔救出〕する必要があるということ自体が、壺〔理論〕が壊れている〔反証されている〕ことの十分な証明になっているからであると。この議論は確かに妥当である。このことは誰も（デュエム、クワイン、ラカトシュも）否定しないであろう。しかし、この反証主義の主張は少し弱すぎるのではなかろうか。この主張だと、それ以外を修正し続けることによって主要な理論を永遠に維持していくことも許容することになるであろう（それが真であれば別だが）。反証主義の魅力の一つは、確立したとみなされている理論、験証されている理論に挑戦し、実際に反証の試みを成功させていくことに意義を認めるところにあると思われるからである。ただし、ラカトシュ批判にはこのアガシの議論で十分だとも考えられる。Joseph Agassi, Popper's Popular Critics, L'Associazione Fundazione Karl Popper, January, 1997 の会議で読み上げられた論文である。

(38) Lakatos, p. 184. 邦訳、二六二ページ。傍点は原文イタリック。

(39) Lakatos, pp. 186-187. 邦訳、二六五ページ。ここでは論じる余裕がないが、筆者は、ラカトシュによる、素朴反証主義と洗練された反証主義という分類に反対である。さらにポパーを後者の立場だとするラカトシュの見解にも反対である。ラカトシュの解釈に沿ってポパーの反証主義を理解しようとする試みは、誤解にいたるであろう。このことは、実はポパーも明言している。K. R. Popper, Replies to My Critics, *The Philosophy of Karl Popper*, edited by P. A. Schilpp, La Salle, Illinois, 1974, Vol. II, p. 999.

(40) Lakatos, pp. 187-188. 邦訳、二六五―二六七ページ。ラカトシュの試みも失敗に終わったと主張するのが、P・

ファイヤアーベント（一九二四—九四年）である。結局、ラカトシュの理論選択は、「なんでもかまわない」(anything goes）ということになるであろうと。ラカトシュは、合理的な規則を提出するのに成功していないというわけである。P. K. Feyerabend, Consolations for the Specialist, Criticism and the Growth of Knowledge, p. 229. 邦訳、Ｐ・Ｋ・ファイヤアーベント、「専門馬鹿への慰め」、『批判と知識の成長』、三二〇ページ。

（41）Lakatos, p. 187. 邦訳、二六五—二六六ページ。傍点は引用者。「堅固な核」というのは、科学的研究プログラムの核となる主要理論の基本的仮定であり、それは方法論的決定によって反証不可能なものとみなされるとラカトシュは主張する。

（42）ラカトシュの科学的研究プログラムの方法論に対する批判的検討は別の機会に譲ることにするが、アンダーソン（注2）、アガシ（注37）、ファイヤアーベント（注40）らと同様、筆者は失敗していると考えている。その原因の一つは、本稿で指摘したように、理論の反証ではなく、理論救済の合理的規則を提出しなければならないという法外な要求を反証主義につきつけているからである。ファイヤアーベントに賛成するといっても、それはラカトシュ批判においてであって、ファイヤアーベントの知のアナーキズムや相対主義に筆者は同意するものではない。誤解を避けるため、このことは強調しておきたい。

（43）Lakatos, p. 133. 邦訳、一九〇ページ。

（44）Ibid., pp. 120-121. 邦訳、一七三ページ。傍点は原文イタリック。

（45）Ibid., p. 121. 邦訳、一七三ページ。

（46）Ibid., p. 121. 邦訳、一七三ページ。

日本におけるポパー政治哲学受容の一側面――その生産的発展のために

萩原　能久

マルクス主義と分析哲学――二つの呪縛

アメリカ哲学会東部会会長として一九八八年の年次会議で冒頭講演をおこなったリチャード・バーンスタインは、彼自身がもともといわゆる「分析哲学畑」出身でもあるのだが、その分析哲学の功罪について次のような真摯な反省を述べている。

分析哲学運動のひとつの結果は、「敵対的」ないし「対決的」な論証を奨励することでした。このスタイルは、間違っていると思われる主張やテーゼと対決するとき、執拗にそれを「追い立てる」ものです。他者は敵とみなされます。そして、その論証の目的は、敵の立場の間違っている点を具体的に把握し、その弱点を暴くことです。この論証スタイルを実践するためには細かい事柄への注意が要求され、また、具体的な主張や議論の誤謬を際立たせ、ときにはその陳腐さを暴くために、そうした主張や議論を徹底的に研究する必要があります。この論証様式には大きな利点があります。それは曖昧な主張には満足しませんし、論証されている問題点を限定することを助けますし、対決すべき困難をさらしだしてくれます。しかしながら、行き過ぎると危険が伴います。なぜなら敵の弱点を暴くことや、誤りであると思われる事柄に含まれる矛盾点を指摘することに、関心が集中しますので、他者が何を言っているのか、また他者が論議に対してどのような真理を貢献しているのか、それが見えなくなってしまいます。[1]

今日ではポパー哲学を「分析哲学」の範疇にくることがいかに乱暴な議論であるか認知されつつある。しかしわが国でポパー哲学が当初そう受け取られていたこと、またポパーがマルクス主義を、そしてヘーゲルを批判する文脈が、当時日本でも紹介されていた分析哲学のマルクス主義批判の同類とみなされていた点は見逃しえない。分析哲学によるマルクス主義批判、具体的にはT・D・ウェルドンの Vocabulary of Politics. 1953（邦訳、永井陽之助訳『政治の論理』、紀伊国屋書店、一九五七）がその代表的な例と言えよう。ポパー哲学にとっての不幸は、こうした分析哲学的反マルクス主義キャンペーンのさなかに、筆者がポパーの著作のなかでもっとも問題の多い著述と考えている『ヒストリシズムの貧困』が読まれてしまったことであろう。この著作は、ポパー研究者には周知のことであるが、『開かれた社会とその敵』と同時期に書かれた、「ある意味で双子の兄弟」[2]的性格を持つ書物である。その意味でそれは少なくとも『開かれた社会』とあわせて読まれるべきものであったのだが、いかんせん大著であり、読み手に過度なまでの集中を要求する『開かれた社会』と切り離されて読まれ、ベストセラー化してしまった『貧困』がポパー哲学を誤解に導くことになったと言えば言い過ぎであろうか。

ポパーは分析哲学派、とくにウィーン学団の論理実証主義に対する敵対者であった。しかし先にバーンスタインが描き出したような分析哲学派の特徴、つまり過度な「友敵」区分と、時にはあげ足取りに近いまでの敵に対する仮借なき批判はポパーにも共通して見られる特徴であり、このことがポパー哲学を二重の誤解に導いたと筆者は考えている。ポパー哲学はその本質において、分析哲学の敵対者であるのに、本来は共同戦線を張ることさえできた潜在的「友」を敵に回すことで、敵陣営からはもちろん、友の陣営からも孤立してしまったのではないだろうか。

それでは『開かれた社会』と（そしてさらに『探求の論理』や『推測と反駁』と）切り離されて読まれた場合の『貧困』の問題とは何か。

ポパーの科学構想は二つの柱からなる。ひとつの柱は、科学的命題の論理的構造を問題にしている反証可能性の議論であり、もうひとつの柱は、他者の説に対して、そしてなによりもまた自分自身の説に対して実際に批判をおこなう、反証を探し求めるという態度を要請するという実践面での議論である。この二本の柱がまさに両輪となってはじめて彼の構想する科学が成立するのであるが、分析哲学と同類とみなされてきたポパー哲学の「批判の実践」の側面は無視され、もっぱら科学理論の論理構造の問題である反証可能性だけがひとり歩きしてしまったのである。しかも彼の「反証可能性」のアイディアは、我が国でも論理実証主義の「検証可能性」という意味基準と混同され続けてきたのである。そのことは本書に収録されている小河原論文がつぶさに明らかにしている。

ポパー哲学が分析哲学と決定的に異なるのは、しかしながら後者の「実践」的側面である。『探求の論理』と『開かれた社会』、そして『貧困』に共通したモチーフについて、ポパー自身は次のように語っている。

『貧困』と『開かれた社会』とは私なりの戦争への肩入れの試みであった。（中略）この両書は、全体主義的ならびに権威主義的思想に対する自由の防衛としての、ヒストリシズム的迷信の危険に対する警告としての、意図を持つものであった。（中略）それらはいずれも、『探求の論理』の知識理論から、また私の確信——人間知識の理論とその中心問題（〈われわれは何を知りうるか〉、〈われわれの知識はどれほど確実であるか〉）についてわれわれがしばしば無意識的に抱いている見解は、われわれの自分自身に対する、また政治に対する、態度にとって決定的である、という確信——から生まれたものである。[3]

換言すれば、これら三書に通底するポパーの問題意識とは、人間がいかに自らの知性の可謬性を認めようとせず、ドグマティックで批判を免れるような態度をとるものであり、自分自身の立場を権威主義的に絶対化しがちであるかという人間学的事実を批判的に受けとめ、そのような態度を、社会科学をも含めた科学から除去しようと試みるものであったのである。ポパーが「『探求の論理』の着手に私を向かわせたのは、部分的には、マルクス主義の批判であった」[4]と語っているのも、そうした意味で受けとめられなくてはならない。ポパーのマルクス主義批判は、しばしばそう誤解されているように、マルクス主義の理論が「反証不可能」であるなどという、理論の論理構造への批判にあるのではない。そうであるならばたしかに、ポパー哲学は分析哲学派のマルクス主義批判と本質的に異なるものではないだろう。ポパーのマルクス主義批判は一方で、彼のアドラー心理学批判やフロイト精神分析批判と同じく、「たとえ世の中に何が起ころうとも、そのすべてが自説を裏づける証拠であるとみなしうるような[5]」理論構築の仕方への批判であり、そのさいに自説が反駁される危険を回避しようとする「免疫化戦略 Immunisierungsstrategie」（H・アルバート）を採用する態度の不誠実に対する批判である。それは同時にまた、そのような理論、否、ドグマ、夢想のために「他人の生命を危険にさらすのを義務にさせるような知識[6]」の知的傲慢さと道徳的退廃に対する批判でもあった。若き日のポパーは共産主義運動に賭けようとしていたこともあったのだが、彼自身が檄を飛ばして人々を動員したデモに警察隊が発砲し多数の死傷者が出てしまうというショッキングな事件をきっかけとしてマルクス主義と離別する。深い自責の念にとらわれた若きポパーがそこでたどりついた結論は、終生変わらぬ彼の信条となったと言えよう。

私には確かに、私自身の生命を私の理想のために賭ける権利がある。しかしながら確かに私には、他人がその生命を私の理想のために、ましてやマルクス主義のような理論のために危険にさらすよう激励する権利などない。[7]

「弁証法とは何か」をめぐる日本の受容状況

さて、これまで見てきたように、ポパー哲学を「分析哲学」と受けとめるという誤読はポパーの弁証法批判の日本での受容のされ方にもっとも端的にあらわれていよう。

ポパーの「弁証法とは何か」という論文は、もともと、ニュージーランドに着いたばかりのポパーが一九三七年にカンタベリー大学で発表し、三年後の一九四〇年に雑誌『マインド』に掲載された論文である。『マインド』と言えば、四三年に送られてきた『貧困』の掲載を拒絶した雑誌でもある。なぜ前者が可とされ、後者の掲載が拒絶されたのか、推測がふくらむところであるが、この「弁証法とは何か」という論文は書物の形としては一九六三年の Conjectures and Refutations に採録されることになる。しかしこの論文は『推測と反駁』の全訳（法政大学出版局、一九八〇年）が我が国で出版される前にも単独論文として訳出されていた。それは碧海純一編『批判的合理主義』（ダイヤモンド社、一九七四年）に収録されている。もっとも、一九六七年六月号の『思想』誌上で上山春平が「弁証法の現代的課題」と題する論文を発表し、そこでポパーのこの論文を大きく取り上げているし、それに答えるかたちで、一九七〇年十一月に将積茂が『科学哲学』誌上で「〈弁証法とは何か〉における K・ポパーの弁証法批判」を発表している。また一九六九年に一般向け入門書として公刊されている茅野良男『弁証法入門』（講談社現代新書）でもこのポパーの論文が比較的大きく取り上げられているし、一九七一年には本多修郎の『ヘーゲル弁証法と科学』（理想社）が本格的な学問的検討をポパーの批判に加えている。これらのことからも、この論文が我が国の論壇に与えた波紋の大きさが推測されよう。

さて、この「弁証法とは何か」という小論文は一見したところ、たしかに分析哲学派からなされた弁証法批判、先に言及したウェルドンも繰り返している批判に非常に似ている。ヘーゲル、マルクスに再発見され、ひとつの方法に高められた「弁証法」なるものが論理学たりえないことを「分析哲学的に」述べているかのように見えるのである。(8) 確かにポパーがこの論文でまず問題にしていたのは「矛盾律」の扱いについてであった。先にあげた上山春平はポパーに同調しつつ、弁証法論理が矛盾律に拘束されない、あるいは矛盾律を越えている論理であるなどと主張するヘーゲル主義者の自省を促しているし、(9) どちらかというとヘーゲルを擁護する立場にある将積茂ですら、この点でヘーゲル自身が弁証法的矛盾と形式論理的矛盾を同一視するような記述をしていることを認め、「弁証法も形式論理学の矛盾律を犯すものではありえない」(10) とポパーの主張を受け入れている。そうだとすれば、この点は本来の論争点でも、また改めてポパーの論考の功績とも言えない部分とみなすことができよう。

問題は別の点にある。上山はそれでもヘーゲルが、「形式論理において全く視野の外におかれている思想の発展にかんする理論を弁証法論理の中心にすえた」ことを強調して「矛盾律の否定はナンセンスだといってねじふせてしまうだけでは、矛盾律の否定を主張することによって表現しようとしたある種の貴重な着眼を無視してしまう結果になる」(11) と主張しているのである。将積もポパーの弁証法理解が「認識論のわくのなかでのみ思想の発展を問題とする」(12) 狭い理解からする批判であるとして、ヘーゲル弁証法が「単に主観的な観念の発展についての理論ではなく、客観的な世界の発展についての理論」[13]として存在論的に構想されていた点を強調している。このようにポパーの批判をとらえる将積がつぎのような結論にたどり着いたとしても何の不思議もない。

ポパーの議論は結局、弁証法は演繹の理論、近代形式論理学ではないという自明のことを主張しているにすぎないと思われる。そして真に必要なことは弁証法が論理学（つまり、近代形式論理学）であるかないかではなく、この論理学とどのような関係にあるかを考えることであろう。[14]

ポパーの「弁証法とは何か」という論文を先入見なしに読んでみるならば、どうしてポパーがこのような分析哲学的・形式論理的批判を繰り返しているにすぎないと主張できるのか、筆者には理解できない。上山や将積が看過し、平板な形式論理的批判からヘーゲルを救出しようとしているまさにその論点がポパーのこの論文のエッセンスであるからである。たしかに矛盾律に関して、形式論理的な批判を展開しつつも、同時にポパーは、論理学としてありえない弁証法の「方法としての側面」にも眼を向けている。ポパーはそうしたものとしての弁証法は、彼の説く「試行錯誤法」というかたちで――つまり思想の発展の説明として！――よりよく定式化可能であると述べているのである。またポパーの（知識の）進化論が、将積の言うような「単なる認識論のわくのなかにのみ」とどまるものではありえないことは論をまたない。むしろこのことをポパーの科学構想に照らして再定式化するならば、ポパーは弁証法を論理構造の問題として拒否しながら、実践の問題としてそれを評価しているわけである。ただ、科学の実践的側面の問題としてポパーが自らの「試行錯誤法」と「弁証法」にひとつ重要な違いを指摘していることは見逃されてはならない。それは安易なジンテーゼをポパーが拒絶している点である。

しかし、この弁証法的発展は、(先に述べた）試行錯誤による理論の発展と正確に同じものではないということが、認められなければならない。試行錯誤の方法についてのわれわれの先の叙述は、ある観念とその批判、あるいは弁証法論者の用語法を使っていえば、テーゼとそのアンチテーゼとの闘争にしか触れていなかった。そもそも、われわれはそれから先、どう発展していくかについては何の示唆もしなかったし、テーゼとアンチテーゼとの闘争はジンテーゼにいたるであろうということをほのめかしもしなかった。むしろわれわれが示唆したのは、ある観念とその批判との闘争、あるいはテーゼとアンチテーゼとの闘争は、テーゼ（あるいはアンチテーゼ）が満足なものでなければ排除されるにいたるであろうということ、そして諸理論の競争は、十分多くの理論が手元にあって試行に供される場合にのみ、新しい理論が採用されるようになるであろうということである。(15)

確かに上山も説くとおり、「弁証法」を頭ごなしに拒絶してしまうことは、それが持つ実り豊かさに対しても鈍感になることになる。筆者がヘーゲル弁証法の持つ実り豊かさのひとつであると考えているものに、たとえば「主人と奴隷の弁証法」で示唆されている「自」と「他」、「主」と「奴」

の〈相互承認〉による同一性、つまり私と異なった他なるものとしてあらわれるものは、ほんとうは異なった他なるものではなく、「われわれ」は本質的に同じものだとの鮮やかな描出がある。もっともヘーゲルは断裂と宥和の等根源性に固執したが、それはきわめて不安定な緊張関係を内在させていた。自己同一性と自己分化的全体性のヴィジョンは、宥和に懐疑的であり、否定性の潜在的革命力に賭けようとしたヘーゲル左派と、宥和の癒しに宗教的にとり憑かれたヘーゲル右派を生み出したのである。

またヘーゲルの場合「自」(同一性)と「他」(差異)の等根源性の認識にもかかわらず、それが対話的なものになりえず、モノローグ的な〈絶対精神〉に解消されてしまうという安直な解答に傾きがちであったことも否定できない。結局のところがヘーゲルは人間のプルーラリティと個人のシンギュラリティを正当に取り扱うのに失敗していると評することも不当ではなかろう。アドルノが『否定弁証法』でこうした安直な宥和に対してそれを「強制された和解」として拒絶しているのもその点を問題視していたといえる。その意味で「ジンテーゼなき弁証法」ともいえるポパーの試行錯誤法のアイディアには、いまだ汲み尽くされていない現代思想的な可能性が見える。この点に関して筆者は、たとえば高島弘文の、「ポパーの試行錯誤法の思想が、ポパー自身の自覚に反して、実は非常にヘーゲル的である」[16]との指摘に対して、「ポパーの試行錯誤法の思想はヘーゲル的な思想をより生産的に展開できる」と主張しておきたい。

ポパーが、ジンテーゼという、テロスをあらかじめ組み込まれた思考様式を歴史というプロセスに当てはめることを「ヒストリシズム」として拒絶することは周知の通りであるが、しかし同時にマルクスの反ドグマティックな態度に好意を寄せていることも忘れるべきではない。この功績に比べれば、マルクスのヒストリシズムに対する彼の批判など、「さして重要でないことを認めるのにやぶさかでない[17]」とすらポパーは述べている。

マルクスの進歩的で反ドグマ的な科学観が正当派マルクス主義によってかれら自身の活動分野には決して適用されなかった、ということは誠に重要な意味を持つ。進歩的で反ドグマ的な科学は批判的である。――批判は科学の生命そのものである。しかし、マルクス主義や弁証法的唯物論に対する批判は、マルクス主義者によって決して許されなかった。(中略)またマルクス主義者たちは弁証法を、エンゲルスの『反デューリング論』の例にならって、主として弁護のために――マルクス主義体系を批判から守るために――用いる。(中略)こうしてマルクス主義は、わたしが強化されたドグマ主義と呼んだものになった[18]。

ポパーがかくも共感を寄せるマルクスの「批判的態度」は、しかしながらマルクス主義者たちによって葬り去られてしまった。彼らは弁証法を批判的にではなく、正当化主義的に用いた結果、マルクス主義そのものを「強化されたドグマティズム」に転化させてしまったのである。ポパーの批判の要点はむしろこのことに向けられている。ここでもポパーが重要視しているのは、弁証法という論理（あるいは非論理学）の静態的構造の側面よりも、正当化の実践に対置されている「批判」の実践なのである。

ハンス・アルバートはかねてから一貫してポパーの批判的討論の方法こそ、言葉の本来の意味で、すなわちギリシア的意味で弁証法的であるということを主張しつづけてきていた。その近代的用語法、すなわちヘーゲルや、マルクス主義によって与えられた語義によって生じる誤解さえ避けることができるならば、それは文字通り弁証法的な方法であると言うのである。(19) しかしながら、こうしたポパーの科学論の不可欠の両輪の片方である「実践」の側面は、日本的受容のなかで正当に理解されてきたとは思えない。

さて、このような誤解がはびこるなかで日本の一般的知識人はポパーをどう受容してきたであろうか。ここでは、その代表的な例として政治学者丸山眞男のポパー理解をてがかりにしたい。

丸山眞男のポパー観

一九八〇年の雑誌『創文』に収録された「歴史のジレンマ」と題する丸山眞男と世良晃志郎の対談(20)は、この日本を代表する両碩学がマルクス、ウェーバー、ポパーについて語りあうというものであり、さまざまな点で興味深い。世良と言えば、『歴史学方法論の諸問題』(木鐸社、一九七三年)において、ウェーバーを基軸にしつつもポパーの議論を大きく採り入れた独自の社会科学方法論を構築したことで知られているが、対する丸山も、「開国」という論文(21)でポパーの「閉じた社会」から「開かれた社会」への推移をとらえる超歴史的な理論枠組みを鎖国から開国へという日本の歴史的経験と重ね合わせてとらえようと試みていたことが想起されなければならない。

この対談で丸山は六〇年安保当時の知的状況を回顧しつつ『ヒストリシズムの貧困』ブームに関して、「マルクス主義の勢いが衰えたら猫も杓子もカール・ポパーになってしまった」と揶揄している。『開かれた社会』からその理論的フレームワークを積極的に取り入れようとしたかつての肯定的姿勢を一転させて、丸山はポパーの理論について低い評価しか下そうとしない。世良が「しかし旧来の疲弊した理論的枠組みを打破するのに役だった」と、そこにも最低限の評価を与えようとするのだが、丸山は『貧困』は電気掃除機のごときもので頭の中にたまるごみを一掃するのには（新カント派の秀才の書物によくあるように）役だったが、「それだけ」であると、神話破壊者としてしかポパーを見ようとしないのである。

これに対して世良は、ポパーのホーリズム批判（「部分的改良は有害無益であり、社会体制全体を一挙に革命しなければならないという考え方への批判」）は評価できるのではないかと話を向けるのだが、丸山は逆に、ポパーが初来日した時の彼との会談のエピソードなどを交えながら、「おそろしく現実感覚」のないポパーの横顔に触れ、「現実のことを話すとピンボケ」ととりつくしまがない。あくまでポパー擁護の立場から、少しでもポジティブな言説を丸山から引き出そうと、世良はポパーにも欠点はあるが、Wertfreiheit（価値自由）の問題に関しては、ポパーがウェーバーを一歩越え出た議論を展開していると持論を展開して、政治感覚の問題ではなく、論理としてはポパーを評価できないか、再度丸山への反問を試みているのだが、その世良に対して丸山はこう答えている。

丸山 「論理から言うとあれはカントですね。歴史ではなく、一般理論についての考え方として見れば大体賛成なんです。けれども、こと歴史の方法という点からいいますと、一体ポパーは本当に歴史を書いて苦しんだことがあるのか、疑問を禁じえないんです。[26]」

ある思想家を「あれはカントだ」、「あれはヘーゲルだ」と図式化・単純化してとらえるのが思想史の方法としていかがなものか、また『開かれた社会とその敵』が、まさに丸山の土俵である、「思想」の歴史の書物ではないのか、この書物が「苦しみなしに」書かれたものなのか、丸山に問いただしたい気にもなるが、このあたりで、なぜ丸山がかくもポパーに冷淡なのか、その原因が徐々に明らかになってくる。丸山は「人間の主体的な問いかけとしての歴史」という側面だけでは不充分であり、問題は「事実としての思想」にあるという。

歴史に意味を与えるのはわれわれなのだ、とポパーは力説するけれども、その意味付与の主体としての〈われわれ〉自体が、現在という歴史的状況のなかに生きており、日々歴史によってつくられ、また歴史をつくっている人間なのだということ[27]、

これがポパーにないと丸山は論難しているのである。まさにトレルチ／マンハイム流の「歴史主義」（ヒストリシズムではなく！）の問題にこだわり続ける丸山らしい。

「どうして、神様みたいに歴史に対して『外から』意味を付与するといえるのか」「歴史にはただ一つの意味、――ただ一つの真の解釈といってもいいんですが――しかないわけではない、という命題にいいかえれば、ぼくも（ポパーに）賛成です。」しかしポパーは「歴史叙述者自身の歴史性という問題にちっとも答えてくれない。」(28)

こうした「平板な」歴史理解を示すポパーに対して、丸山は自由が反自由に転化するという「思想史の逆説」こそが重要であると考えている。理論と歴史の「永遠のズレ」(29)こそが問題だと丸山は主張するのである。

先に言及した世良の『歴史学方法論の諸問題』や浜井修の『ウェーバーの社会哲学』（東京大学出版会、一九八二年）で論じられているような局面に限定すれば、ウェーバーとポパーの歴史学方法論的見解のあいだに具体的で大きな断絶を見いだすことはできない。方法論として抽出してみると大きな差異のないウェーバーとポパーであるが、しかし確かにこの両者のあいだに違いがないわけでもない。それはウェーバーが近代のジレンマのなかで「引き裂かれた思想家」であるということ、理論と歴史の「永遠のズレ」をペシミスティックに表現した思想家であるという点であろう。合理性と非合理性、客観性と主観性、魔術からの解放と再魔術化された世界、人間の主体性と宿命論、政治の自律と、その無道徳化、さらにはその問題に対して責任倫理と心情倫理という「矛盾した」解決を与えようとしたウェーバー。彼の議論が放つ何とも暗い、ペシミスティックなトーンを前にして、ポパーの議論はポパー本人も一貫して認めているとおり、オプティミスティックな、人間理性への信頼にその基礎を置いている。この相違が丸山をして辛辣なポパー拒否に向かわせたひとつの原因であることに間違いはあるまい。しかし丸山がポパーに欠けるとする「歴史叙述者自身の歴史性」という視点は本当にポパーには存在しないのだろうか。

丸山とポパー——間宮陽介の所説に触れつつ

この点で、間宮陽介がその卓抜な丸山眞男論のなかで指摘しているポパーと丸山の親近性に関する議論はきわめて示唆的である。間宮によるならば、両者の関係は、親近性があるどころか、むしろ「相似関係以上のものである」[30]。間宮はそれを次の二点において確認している。

まず間宮が注目するのが、「主観的世界」と「客観的世界」のあいだにフィクション・作品としての（政治）世界があると想定する丸山の方法論とポパーの世界3論の相似性である。ポパーにとって理論や仮説からなる世界3は他の二世界のような静態的なものではなく、科学者の不断の推測と反駁の活動によって変化していくダイナミックな世界であるが、丸山の政治世界もまた「である」ことよりも「すること」を、定義や結論よりもプロセスを重視する世界である。いずれの世界でも人間の不断の活動が強調され、それのみがこの世界を形成・維持・発展させるものとされているのである。

さらに間宮はポパーの世界3も（フィクションとしての）丸山の政治世界も「普遍的原理」、すなわち真理と人権・自由・平等の普遍的価値原理なしには存在しえない点で相似的であるとしている。

第一の論点に関して言えば、「作り、作られるものとしての世界と人間」という視点は紛れもなく丸山のそれであるし、ポパーの世界3論にとっても重要なものと言えよう。脳が言語を作り、言語が脳を作る、言い換えれば「世界1が世界2を生み、そして世界3を産出する。逆に世界3は世界2を通じて世界1をよりよくしてゆく[31]」というポパーの世界3論が持つ射程は、それどころか、『ドイツ・イデオロギー』でマルクスとエンゲルスが展開しようとしたテーゼを生命の過程にまで拡大したものと読み替えることすらできよう。つまり、人間が歴史を作ったのであるが、その歴史によって人間は作られるのである。ポパーの世界3論は、人間がある所与の問題状況、あるいは環境や伝統のなかに生まれてきて、それに規定されつつ、世界を作りあげていこう、他者と世界3を共有していこうとする動態を記述しつつも、相互批判による世界3の共有に科学の客観性＝間主観性の契機をを見いだそうとする理論なのであり、それはマンハイムやトレルチの「歴史主義」以上にわれわれが歴史のなかにいる存在であることを注視しているとすらいえよう。

間宮が丸山とポパーの相似性に読みとる第二の論点は、現代思想全体を展望するとき、批判的視座としてのアクチュアリティを獲得する。というのも、たとえば次のリオタールの主張にも読みとれるように、ポストモダンの時代診断には「真理なき正当化」というプログラムが見え隠れしているからである。

言語ゲームの異型性を認めること……それが含意しているのは、言うまでもなく、言語ゲームの同型性の実現を仮定し、その実現を試みるテロルを放棄することである。第二の歩みは、もしそれぞれの言語ゲーム、またそこで打たれる《手》を定義する諸規則についてコンセンサスが成り立つとしても、そのコンセンサスはローカルでなければならない、言い換えれば、その場のパートナー同士によって得られるもの、万一の場合には解除可能なものでなければならないという原則である。(32)

言語ゲームの多様性の容認とそれらのあいだの「共約不可能性」テーゼは、クーンの科学革命論と同じく、泥沼の相対主義と合理性の無意味化をもたらすにすぎない。この点では「神々の戦い」というウェーバーの時代に対する危機意識も同罪である。ポパーのプログラムはこれに対して、あくまで「正当化なき真理」を要求するものであった。真理が存在しないのではない。ただわれわれはそれを確実に認識すること、確実に認識したという保証を手にすることができないだけである。その意味ですべての正当化は幻影にすぎない。われわれにできることは幻影を消去法的に払拭していくことだけなのである。

このように見てくると、深みのない、おそろしく現実感覚の希薄な思想として丸山によって断罪され、またポストモダン陣営からは悪しき理性主義・近代主義の権化とみなされてきたポパーの思想の、まさしく《現代思想》的な可能性が垣間見えてこよう。冒頭で言及したバーンスタインはマッキンタイア、テーラーなどのコミュニタリアンやフーコー、ハーバーマス、デリダ、レヴィナス、ローティーという現代思想家の諸説を批判的に検討するなかで、彼自身が最も有力とみなす現代的

プラグマティズムの五つのエートスを次のように選り出している。(33)

（1）反基礎づけ主義――近代の哲学の「確実性の追求」と「知の傍観者理論」の双方を拒絶する態度。
（2）可謬論――論証の多数性と多様性。実験的、解釈的、試論的、修正に開かれた哲学。
（3）実践的間主観性――自己の社会性・歴史性の自覚。批判的共同体の育成。
（4）開かれた宇宙における偶然性、偶発性の認識とそれへの敏感な対応。
（5）伝統、視点、哲学的傾向の多元性。

この五つのエートスは、まさにポパーが批判的合理主義を主張するさいに強調してきたもの、そのものではなかろうか。それにもかかわらず、なぜポパー哲学は、少なくとも我が国において、乗り越え済みの旧時代の哲学におとしめられているのであろうか。ポパー主義哲学に何かが欠けていたとするならば、私にはその欠点は次のことにあったとしか思えない。「批判的討論の方法」を強調してきたポパー主義が、その批判的討論における《コミュニケーション的行為の理論》を展開せずに済ませてきたこと、またポストモダニズムを「酩酊者のたわごと」「オブスキュランティズム」として頭ごなしに拒絶し、みすみす自らのポテンシャルまで放棄して「開祖」ポパーの経典に正当化主義的にしがみついてきたことがそれである。それは一言で言えば、われわれポペリアンの怠慢である。

いわゆる『実証主義論争』の場合もそうであったのだが、論争の両当事者が「相互に肩をすくめ合う」[34]状況では真の批判も、また批判による知識の成長も期待しようがない。フランクフルト学派側はポパーを実証主義の一変種と半ば意図的に誤解しつつ、論争相手ではない第三者の実証主義批判に終始していたと言えようし、批判的合理主義の側はと言えば、フランクフルト学派を俗流マルクス主義と意図的に混同した批判を展開していたと言える。批判に対して我が身を守ることに腐心するのではなく、批判から学び、その機会を得たことをむしろ喜びと感じること、こうした「態度」を身につけずしてはたしてポペリアンを名乗ることができるであろうか。ヘーゲル哲学に触発されて新たな思想的境地を開拓しつつある現代思想に対してそれを「分析哲学的」に頭ごなしに拒絶すること、また本稿で明らかにしておいたように、本来的な同質性を持つ丸山政治学をあえて「敵」陣営に追いやってしまって、狭いサークルのなかで自らの思想の優越性を確認し合うこと、そうした知的営為は「正当化主義哲学」の悪しき学問的慣習の所産であり、その悪しき因習を断とうとすることがポペリアンを自認する者の義務であろう。

（1）R・J・バーンスタイン『手すりなき思考』、谷徹・谷優訳、産業図書、五二三—五二四ページ。

（2）小河原誠『ポパー　批判的合理主義』、講談社、一四〇ページ。

（3）Karl R. Popper, Ausgangpunkte. Meine intellktuelle Entwicklung. Hamburg, 1979,（以下 Ausgangpunkte. と略記）S. 163.（カール・R・ポパー『果てしなき探求――知的自伝』、森博訳、岩波現代選書、一六二頁。ポパー自身の手による加筆・ドイツ語化がなされている部分があるので、筆者はドイツ語版を典拠とした。したがって訳文は一部変更した。）また Karl R. Popper, Alles Leben ist Problemlösen. Über Erkenntnis, Geschichte und Politik. München/Zürich, 1994（以下 Alles Leben. と略記）S. 207 でも次のように記されている。「私の著書『開かれた社会とその敵』はヒトラーやナチスについて一言も触れてはいませんが、それはヒトラーに対する戦争への私なりの肩入れを意図したものでした。この書物は民主主義の理論であり、その敵たちによる新旧の攻撃に対する民主主義擁護でした。」

（4）Ausgangpunkte. S. 159.（訳書、一五八ページ）

（5）久野収・市井三郎「訳者あとがき」、『歴主主義の貧困』、中央公論社、二四七ページ。

（6）Ausgangpunkte. S. 159.（『果てしなき探求』、四三ページ）

（7）Alles Leben. S. 310.

（8）このことは、ポパーに好意的なスタンスを示す上山春平ですら「ポパーに代表されるような分析哲学の側からの弁証法批判」という言い方をしている点にはっきりと窺える。上山春平「弁証法の現代的課題」、『思想』一九六七年六月号、岩波書店、七八二ページ。

（9）上山、同上論文、七八三ページ。

（10）将積茂「〈弁証法とは何か〉におけるK・ポパーの弁証法批判」、『科学哲学』第三巻、一九七〇年十一月、七〇ページ。

（11）上山、同上論文、七八三ページ。

（12）将積、同上論文、六七〜八ページ。

（13）将積、同上論文、六一ページ。

（14）将積、同上論文、六九ページ。

（15）Karl R. Popper, Conjectures and Refutations. The Growth of Scientific Knowledge. London, Routledge & Kegan

Paul, 1963（以下 C&R. と略記）, Fifth ed. 1989. p. 314.（カール・R・ポパー『推測と反駁』、藤本隆志・石垣壽郎・森博訳、法政大学出版局、五八一—五八二ページ）

（16）高島弘文『カール・ポパーの哲学』、東京大学出版会、一九七四年、一五三ページ。

（17）C&R. p. 334.（前掲『推測と反駁』、六一六ページ）

（18）C&R. p. 334.（前掲書、六一六—六一七ページ）

（19）H・アルバート『批判的理性論考』、萩原能久訳、御茶の水書房、一九八五年、第二章第七節、および第七章第二八節を参照。

（20）「歴史のジレンマ」、『創文』一九八〇年、八・九月合併号（二〇〇号記念特集号）、本稿では入手の便宜を考えて、多少の字句の異同はあるが『丸山眞男座談 8』（岩波書店、一九九八年）に収録されているものの引用頁を示すことにする。

（21）『講座　現代倫理第一一巻　転換期の倫理思想（日本）』、筑摩書房、一九五九年。のちに『忠誠と反逆』、筑摩書房に収録。現在では『丸山眞男集第8巻』、岩波書店にも収録されている。該当個所は『丸山眞男集第8巻』で四六—四七ページ。

（22）これについては「原型・古層・執拗低音——日本思想史方法論についての私の歩み」『丸山眞男集第一二巻』、岩波書店、一二〇ページ参照のこと。

（23）『丸山眞男座談 8』、二四六ページ。

（24）前掲書、二四六ページ。

（25）前掲書、二四八ページ。

（26）前掲書、二四八ページ。

（27）前掲書、二五〇ページ。

（28）前掲書、二五〇—二五一ページ。

（29）前掲書、二五四ページ。

（30）間宮陽介『丸山眞男——日本近代における公と私』、筑摩書房、一九九九年、二二九ページ。

(31) 小河原誠、「訳者あとがき」、F・クロイツァー・K・R・ポパー『開かれた社会―開かれた宇宙』、未來社、一六〇ページ。
(32) J・F・リオタール『ポストモダンの条件』、小林康夫訳、水声社、一六一―一六二ページ。
(33)『手すりなき思考』、五〇九―五一四ページ。
(34) J・ハーバーマス「実証主義的に二分割された合理主義への反論」、アドルノ／ポパー他『社会科学の論理――ドイツ社会学における実証主義論争』、城塚登・浜井修訳、河出書房新社、二四一ページ。

日本におけるポパー哲学受容の一形態——市井三郎の創造的受容

小林傳司

民権これ至理なり。自由平等これ大義なり。これらの理義に反する者はついにこれが罰を受けざる能わず。……この理や漢土にあっても孟軻、柳宗元、早くこれを観破せり。欧米の占有に非ざるなり。

中江兆民『一年有半』

私は近代思想を否定する伝統主義者ではなく、伝統思想を否定する近代主義者でもない。

上山春平『日本の思想』

はじめに

「思想の日本問題」とでも呼ぶべき課題が存在する。中国では一九二八年の段階で、中国古今の重要著作を網羅した叢書『四庫全書』の続篇の編集にさいして、その中心をなした知識人が『四庫全書』には中国の書ばかりとっているが、聞くところによると泰西の諸国も近来学問がだいぶ進歩したというから、今度の続編ではこの西方の蛮夷の著書も少しは採用してもいいのではないか、と提案したという。一九二八年とは、アジアで最初に誕生した共和国である民国一七年の時期である。日本では昭和三年である。この時期に、中国にはこのような発言をする知識人がまだ存在したのである。(1)

このエピソードについて、佐藤慎一は一九二〇年代の中国では儒教をはじめとする旧文化を全面的に否定し、「民主」と「科学」に立脚する新文化を構想する知識人が存在し、その行き過ぎにたいする歯止めをかけようとする知識人が「新儒家」として儒教復権論を唱えていたことを紹介し、にもかかわらずこの問題の知識人をその「新儒家」とみなすことはできないと論じている。つまり、新儒家もこの知識人も中国文明を尊重する点で共通しているが、後者には新儒家のように、意図的に西洋文明に対抗しようとする姿勢が見られず、そこにはむしろ無関心があるというのである。そしてこの無関心の背後にあるのは、超長期的な歴史と、文字に記録された膨大な蓄積をもつ中国の伝統学術の価値にたいする確信であり、学者として学ぶべき必要かつ十分な事柄がこの蓄積のなかに含まれているという信念であった。およそ中国の士大夫にとって、教養というものが中国の古典以外にあり得ないことは自明の公理であった。中華思想と呼び習わされていることではあるが、見方を変えれば文化的な自己完結性の表われとも言える。十九世紀後半の中国にとって、「文明開化」は必要ではなかったのである。清朝末期において、アヘン戦争敗北後に結ぶことを余儀なくされた屈辱的な条件の条約にたいしても、武を振るう西洋を野蛮とみなし、羈縻政策の一環としてその不平等性を正当化できたのもこの自己完結性である。他方、西洋の科学技術を導入するさいには、『墨子』をもち出して西洋の学問の源流が中国にあるとする「附会」の論理を必要としたのも、この自己完結性ゆえである。そしてこの自己完結性は少なくとも十九世紀の西洋にも見られたものであることを付け加えておくべきであろう。

日本はどうであったろう。江戸末期、日本は中国のアヘン戦争敗北に敏感に反応し、紆余曲折はあったものの大規模な西洋との戦争を避け、中国に比べれば相対的には穏やかな不平等条約を受け入れた。徳川幕府の武家政権に伏在していた軍事リアリズムのゆえかもしれない。しかし同時に、西洋が万国公法（十九世紀型のヨーロッパエリア中心の「国際」法）にもとづいて認定した「半未開国」としての日本という規定を受け入れ、日本は平等条約を結ぶ条件としての「文明」国と認定されることを目指すことになる。文明開化路線である。この場面で、中国のような「附会」の論理を必要とせず、積極的かつかなりスムーズに科学技術を導入するのに成功していく。十九世紀末における科学技術導入の日中比較を論じるのが本稿の目的ではない。ただ、日本の「文明開化」路線が、他に現実的な選択肢がなかったことは別にして、思想的には、追従すべき文明の乗り換えという現象であったことに注目しておきたいのである。

かつて、平川祐弘は、文化の型として中心文化と周辺文化という類型を提示し、日本が歴史的に典型的な周辺文化として存在してきたと主張した(2)。中心文化とは、典型的には中華思想を前提としていた中国や、文明という観念に自己同一化していたヨーロッパであり、そこでは自らの知的正統性が本質的に自己完結的なものとみなされている。他方、周辺文化とは、中華思想にたいする他華思想とでも呼ぶべきものであり、知的正統性は基本的に自らの文化以外のところにあるとみなす文化のことである。平川は、マテオ・リッチを例に、次のように述べている。

日本人は舶来の書物であれば、漢書も蘭書も洋書もひとしく尊重し、『蘭学事始』に記されたように日本側の発意によって西洋語の書物を独自の力で翻訳している。日本人にとって「原書」は国の外から来たものである。（書物だけではない。漢字そのものが国の外から来たものである。）それにたいして中華の人にとって文化とは自国の漢字の書物に記されたものである。「原書」は国の外からではなく国の内から、それも過去から伝わったものであらねばならない。その点にふれてマテオ・リッチは一五九五年十一月四日南昌からローマのイエズス会の総長あてに次のように書いている。

「この私たち西洋人も文化のある国の出身者なのだという説は、シナ人にとってはもっとも好ましくない説でありました。というのは、文化的教養はあるが、それがシナの書物を介したものではない、ということはシナ人にとっては相矛盾したことのように思われているからです。」(3)

このように、本物（原書）はつねに国の外にあると考える周辺文化においては、知識人の役割もまた中心文化のそれとは異ならざるを得ない。周辺文化の知識人は、総体として中心文化の正統性に忠誠を誓う傾きをもつことになるのである。つまり、この種の知識人は中心文化の伝道者という自己規定をし、原書の講読や翻訳、解説をその任務とすることが多い。平川は、このような現象が日本にユニークなことであるとは主張せず、十九世紀のロシアや十八世紀のドイツなどにも類似の構造が見出されることを指摘する。しかし、日本に関しては、江戸期以前が儒教を中核とした中国文明を中心文化とみなし、明治期以降は西洋文明を中心文化とみなしたという点で、構造が共通していることを指摘する。つまり、日本は歴史の長期にわたって、周辺文化として存続してきたということである。

私が思想の「日本問題」と呼ぶのは、このような歴史的条件のもとで、知識人が一貫して中心文化（中国であれ西洋であれ）にたいする距離感を考察せざるを得なかったという構造のことである。江戸時代の国学の成立もこのような構造から生まれたものであって、ナショナリズムが西洋近代の所産と割り切ることは必ずしもできないことを示す事例であろう。また、明治の知識人たる鷗外や漱石の西洋との苦闘も、文明概念とは対抗的に打ち出されたドイツ流の文化概念にもとづく明治二十年代の日本文化論の流行も、この構造と切り離しては理解できないであろう。

第二次世界大戦後の日本においても、この構造は存続しているように思われる。戦後の日本においても、明治以来の西洋を中心文化とみなす発想は維持され、ただその西洋が当時の世界情勢ならびに日本の占領に応じてアメリカに特化しただけなのではないか。そして少なくとも一九七〇年代頃までは、この構造を意識していた知識人がかなりいたと言えよう。たとえば加藤周一の「雑種文化論」も、この構造を意識した日本文化論とみなせるだろう。加藤は英仏（のちに十九世紀末までの中国を付け加えるが）を純粋種の文化の典型とすれば、日本は雑種の文化の典型ではないかと述べる。(4) 英仏の場合には学問から生活風習にいたるまで、伝統的な様式が一貫しているが、日本の場合には明治以来の経過のなかで西洋的なものが深く染み込んでいると同時に、西洋とは異なる日本的な伝統が維持されてもいる。そして、この日本文化の雑種性を、西洋化の徹底によって純粋化するというプログラムも、逆に西洋的なものの根絶によって純粋化するプログラムも日本の歴史を考えれば、実行不可能であると述べる。純粋種と雑種を価値の上下と切り離し、日本の雑種性をそれ自体として認め、雑種であることから独自の価値を生み出すこと（彼は「困難な実験」と言う）にかけるべきであるというのが加藤の主張である。にもかかわらずと言うべきか、だからと言うべきか、彼は日本の文化の批判へと向かう。もちろん、日本の文化が純粋種ではないという批判ではない。

西洋伝来のイデオロギーは、ながい間、多くの日本人から、ものを考える習慣と能力を奪ってきた。海外の新思潮は相継いで輸入され、流行し、忘れられ、あとに何らの影響も残さなかったばかりでなく、右往左往する人々にあたかもそこに思想問題があるかのような錯覚を与えた。(5)（明治における日本の文化伝統との──引用者補足）「断絶」という考え方は、思想・文学・藝術の創造的営みにとっては、全く致命的であり、生みだすに値するものを生みだすには、どうしても文化の持続の観念が必要である。（改行）すべての文化は伝統的であり、伝統的でない文化は存在しなかった。(6)

ここに引用した論考は一九五〇年代に書かれたものである。それからほぼ五〇年を経て、われわれは日本の知的状況に関するこのような診断と批判を、過去のものとして無視できる状況に生きているであろうか。加藤の言う「困難な実験」は、五〇年を経てどのようなことになっているのであろうか。事柄を哲学という学術の一部門に限ってみた場合でさえ、「困難な実験」が十分な成果を挙げたとは言いがたいのではないだろうか。昨今の大学設置基準の大綱化に始まり、一連の教養部廃止、大学改革の進行、そして国立大学の独立行政法人化への動きと進みつつある、高等教育の再編において、哲学は日本の知的状況を反省し、方向づける役割を果たしてきたとは言いがたいであろう。(7)確かに「海外の新思潮は相継いで輸入され、流行し」てきた。また、そのための能力を備えた研究者は大量に生産されてきた。しかし、この研究者たちは平川の言う周辺文化に典型とされる知識人とどれほどの違いがあったであろうか。

いささか長くなったが、そろそろ本論のテーマである市井三郎に話を進めたいと思う。ここまでの論述から予想がつくように、私は市井三郎という哲学者が、「思想の日本問題」という構造を意識し、いたずらな攘夷でもなく、さりとて西洋哲学の精密な受容にかまけるだけでもなく、日本における哲学的思想の可能性を追求した人物だと考えている。彼の没後、全集はおろか主要なものを集めた著作集さえ刊行されず、友人たちの手による追悼論文集が出版されただけであった。しかし、われわれは現在でもなお、彼から学ぶべきところがあるのではないかと思う。ここでは、市井三郎のポパー哲学との出会いとその受容を通して、ポパー哲学の日本における「創造的受容」の側面を明らかにすることを目指したい。

市井三郎の哲学

1　経歴

市井三郎は一九二二年生まれの哲学者で、一九八九年六月に亡くなった。ポパー哲学に関心をもつ者には、彼の名はポパーの『歴史主義の貧困』の翻訳者として知られているであろう。

彼は大阪に生まれ、大阪帝国大学理学部化学科に入学し、化学を学び、一九四五年九月に繰上げ卒業をした。その後、生計を立てるために東京でGHQの通訳などをして暮らし、その間に著述業として身を立てることを考え、インフェルトの『ガロアの生涯』の翻訳などをおこなう。しかし二十九歳のころ（一九五一年）「自分は理科の学生で思想というものが入っていなかった。だから大本営発表を純粋に信じ、最後はラジオ発表のように、日本が水際で大勝するものだと思っていた。東西平和になるにはいままでのイデオロギーでは駄目で、自分が新しい哲学を考え出したい、そのためにはイギリスに留学したい」(8)と決意し、「ブリティッシュ・カウンシル」のイギリス留学試験を受けて合格、戦後イギリス官費留学生第一回生としてイギリスに学ぶことになる。イギリスではマンチェスター大学のエメット教授とロンドン大学のポパー教授のもとで学んでいる。こうして彼は、ポパー哲学と触れるのである。

帰国後、愛知学芸大学（現、愛知教育大学）に職を得、七年後には東京に移り、成蹊大学に赴任する。その間、『思想の科学』の編集に携わり、編集長にもなるが「天皇制特集号」をめぐるトラブルで、中央公論社が発行元を下りる事態となり、「思想の科学」社の設立に奔走する。以後、『ホワイトヘッドの哲学』(弘文堂、一九五六年)、『哲学的分析』(岩波書店、一九六三年)、『明治維新の哲学』(講談社現代新書、一九六七年)、『歴史の進歩とはなにか』(岩波新書、一九七一年)、『伝統的革新思想論』(布川清司と共著、平凡社、一九七二年)、『近代への哲学的考察』(れんが書房、一九七三年)、『歴史を創るもの』(レグルス文庫、第三文明社、一九七八年)、『近世革新思想の系譜』(日本放送協会、一九八〇年)などの著作を著す。

晩年は、脳梗塞をわずらい、身体が不自由になるが、知的情熱は衰えず、現代の複雑系の問題につながる数理的課題の哲学的分析に取り組もうとしていた。しかし、六十六歳で成蹊大学を定年退職した一九八八年の翌年、旅行中の大阪で心筋梗塞の発作により逝去した。

人名辞典風に記せば、以上が市井三郎の略歴である。ここに挙げた市井三郎の著作群を見ればわかる通り、彼の著作の題名は最近の日本の哲学者のものとはおよそ異なる雰囲気をもっている。処女作の『ホワイトヘッドの哲学』を除けば、西洋の特定の哲学者の綿密な研究といったものはほとんどない(講談社の人類の知的遺産シリーズでラッセルの巻を執筆しているという例外?もあるが、しかし取り上げているのがラッセルであることが注目される)。そして、彼の関心が歴史哲学、とくに日本の革新思想にあったことは明らかである。『哲学的分析』は彼の哲学者としての転回を画す著作であったといえる。イギリスから帰国直後の彼は「西洋近代が創出した諸理念で物事を考えることに、何の疑念もいだかない人間(つまりモダニスト)であった」が、「自らの出身である庶民階層の戦いに注目する、という視座」を確立し、さらに「伝統と価値への覚醒」にいたり、モダニズム

から脱却していく。(9)

2 哲学観——モダニズムからの脱却

市井にとって、モダニズムからの脱却とはどういうことであったのだろうか。あるいは「伝統と価値への覚醒」とは何を意味するものだったのだろうか。まず、確認しておかねばならないのは、彼のモダニズムからの脱却は、日本の知識人にときおり見られるような、晩年になっての日本回帰ではなく、イギリス留学直後に起こっていることである。その点で、鷗外や漱石に近いのかもしれない。また、先に述べた加藤周一の場合にも、「雑種文化論」が、ヨーロッパからの帰国を契機として生まれたことを想起しておくべきであろう。

市井は帰国後、ライヘンバッハの『科学哲学の形成』やラッセルの『西洋哲学史』、ホワイトヘッドの諸著作の翻訳をおこなうかたわら、執筆した一連の論文をまとめ、『哲学的分析』（岩波書店、一九六三年）として上梓している。『哲学的分析』は三部構成をとっているが、いわゆる英米系の分析哲学的な議論の紹介は第三部になっており、第一部は坂本竜馬や幸徳秋水といった歴史上の人物の行動の主体性をめぐる問題が扱われ、第二部は弁証法やヘーゲル論理学、武谷理論が取り上げられる。この書の「まえがき」にある通り、市井は第一部の論文群に盛られた問題意識こそが自らの課題だと考え始めていたのである。それは、自然的過程としての歴史の流れと個人の主体性の関係をめぐる問題を解決するという課題であった。彼の言葉を引いておこう。

さまざまな人間の主体的な意欲や行動をも含めて、人間社会の総体を一つの自然過程にあるものとみなし、そこに貫徹する決定論的な法則を見出そうとすることが、近代社会科学のいわば不可欠の前提だった。そのことの方法論的意義と重要性とは、ほとんど疑いえないことである。したがってこの前提をある意味ではまったく否定しないで、しかも人間主体を自然＝社会法則の単なる操り人形と解さないですむような、論理的に首尾一貫した見地はどのように可能となるのであろうか。(10)（強調は原文）

端的に言えば、たとえばマルクス主義的な歴史法則のような、あるいは自然科学が明らかにするような必然的法則性が存在すると考えた場合、歴史に生きる個人の主体性は無意味になるのであろうか、という設問である。彼は個人の主体的努力が無意味にならないような歴史哲学を構想することを目指していたといえる。

このような問題意識をもった著作が、分析哲学を連想させる『哲学的分析』という題名であったことは、現代の分析哲学の状況に少しでも通じている者には、いささか不思議というか何かそぐわない感じを抱かせるであろう。この点は、市井の哲学観とも関係するので、彼の分析哲学に関する見解に少し触れておこう。

戦後の日本では、哲学界に一種の権威の空白状態が生まれ、官学アカデミズムの影響力が低下していた。他方、マルクス主義と実存主義が知識人層に大きな影響力をもち始めてもいた。このような状況のなかで、若手の研究者がアメリカやイギリスに留学し、論理実証主義や分析哲学を日本に紹介し始めたのであった。坂本百大は日本科学哲学会の創立の経緯を振り返り、「戦後、西田からマルクス、実存へと流れる往時の哲学の流行の最中にあって、むしろ近代科学に基盤をおく哲学の建設への希求の動きが鬱勃と現われ始めた」と述べている。[11] 一九五〇年代において、「近代科学に基盤をおく」哲学の営みは、広義の科学哲学として構想されたのであった。

科学基礎論学会の成立は一九五四年であり、現在の日本科学哲学会の前身である科学論理学会とアメリカ哲学研究会の成立はそれぞれ一九四九年と一九五三年である。市井三郎もその初期からこれらの学会で活動している。これら三つの学会が共同で開催していた科学哲学大会の、当時のプログラムから市井三郎に関係する部分を少し紹介してみよう。第一回大会（一九五七年）では、市井は「Popper の社会工学概念について」という発表をおこない、翌日には「形而上学の可能性」というシンポジウムで、大森荘蔵、伊東俊太郎とともにパネリストを務めている。翌年の第二回大会では、シンポジウム「自然科学と社会科学における客観性」で高木勘弌、小川弘、吉村融とともにパネリストを、第三回大会では「法則性と主体性」という発表をおこない、シンポジウム「弁証法は科学の方法として成立するか」で沢田允茂、黒崎宏、寺沢恒信、中村秀吉とともにパネリストを務めている。

少なくとも一九五〇年代の日本では、科学者と英米系の科学哲学者とマルクス主義哲学者が、そしてさらに付け加えるなら社会科学者が一堂に会して議論する場として、科学哲学大会は機能していたのであった。当時のプログラムを見るかぎり、坂本百大が言うように、現在では失われた「先端的かつ気宇壮大な論調」が存在していたようである。市井三郎自身は、イギリスに留学したこともあって、英米系の科学哲学や分析哲学を学んでいたが、彼の問題意識そのものは、マルクス主義者と近いものであった。先に引用した彼の問題意識はそれを物語っている。したがって、彼にとって科学哲学や分析哲学は、この「気宇壮大な」問題意識のもとでの考察に役立つかぎりで、意義をもつものであった。『哲学的分析』の第2部に収められた論理学関係の論文は、それを示している。

しかし、英米でも、また日本でも、科学哲学や分析哲学は哲学界のなかで地歩を固め始めるとともに、徐々に『気宇壮大さ』を失い始める。市井の視角からすれば、当時日本で定着し隆盛の兆しを示し始めていた英米系の分析哲学に潜む過剰なテクニカリティは、哲学の悪しきスコラ化の兆しと映り、繰り返しその批判を発表することになるのである。

一九五七年に市井は分析哲学を概観する論文を発表している。[12] そこでは、分析哲学がなんらかの巨匠の名に結びつく哲学ではなく、十九世紀末から二十世紀初頭にかけてヨーロッパや北米の各地で芽生えた独立の萌芽が、二度にわたる世界大戦を触媒にして成長した、「自由」世界の大半に根づいた「哲学的方法のあるはば広い傾向」のことであると位置づける。そしてこのことを言い換えて、この学派の構成員がそれぞれに個性の差異をもっていながら、「そのことが彼らのあいだで共通の広場をもつことになんら基本的な障害にならないような、知的協力形態を打ち立ててきた」という意味で、「知的協力のルールを守る哲学」であると述べる。この評価には、市井自身の哲学にたいする姿勢が色濃く現われているといえよう。市井が哲学に期待し、またポパーの批判的合理主義に共鳴したのは、まさにこの「知的協力のルールを守る」ことを通じての、自他の啓蒙であったからである。

次に、多様性を伴う分析哲学の二つの傾向を彼は提示する。

（1）哲学を科学的にするためには、その表現媒体であった欠陥の多い自然言語を純化しなければならず、記号論理学を応用して厳密な人工言語を補助手段として設定しようとするグループ。

（2）それは必ずしも必須のことではなく、自然の言語を注意深く用いるやり方を明確にすることで、多くの問題に貢献できるとするグループ。

とに大別し、それぞれを、

（1'）人工言語設定にまつわる技術的な問題にのみ没頭する象牙の塔型。

（2'）人間社会・歴史・政治の問題に関心を強くもち、新しい分析方法をそれにも旺盛に適用していく警世型。

と特徴づける[13]。そして、（2）の傾向が、分析哲学の前身たるウィーン学団の初期の主張に批判的であったラッセル、ポパー、オットー・ノイラート、フォン・ミーゼス、ハンス・ケルゼン、チャールズ・モリス等に見られるものであったため、日本ではもっぱら（1）が分析哲学の主流とみなされてしまい、当時知的影響力の大きかったマルクス主義者からは、現実逃避による帝国主義への奉仕の哲学と批判されることになった、と診断する。市井自身の志向性は、その生涯が示すように、

(2)の方向にあったのは明らかである。むしろ、市井は分析哲学の誕生が、ヨーロッパにおける世界大戦とファシズムの経験を発条としていることを重視し、そのメンバーの過半が政治的には社会民主主義に近いことを指摘する。そして社会民主主義イデオロギーには、「価値の選択における平等権(各人が自ら欲する選択をなしうること)」にもとづく「個我への畏敬(あるいは沈潜)」と、「社会的責任の重視」という契機があると述べ、前者の先駆的典型がウィトゲンシュタインであり後者の先駆的典型がラッセルであるとする。したがって、当時典型的にはマルクス主義に見られたような社会哲学的関心は、分析哲学と無縁のものではなく、(2)の方向性は分析哲学の本質的成分のはずであるというのが、市井の分析哲学観であり、同時にそれが彼の哲学観でもあったと言えよう。

市井の分析哲学観を通じて述べたように、彼は「人間社会・歴史・政治の問題に関心を強くもち、新しい分析方法をそれにも旺盛に適用していく警世型」の営みに共感するタイプの哲学者であるが、同時に「知的協力のルールを守る」姿勢を重視し、党派的な主張を無批判に哲学に混入させることにはきわめて批判的でもあった。したがって、少なくとも一九五〇年代から六〇年代において、市井は分析哲学の(1)の側面を(2)の側面の名において否定するような議論の仕方はしていない。彼の諸著作に一貫している姿勢であるが、批判の対象にたいしても、必ずその最良と彼が考える部分をできるだけ肯定的に取り上げ、それを評価したうえで、批判を開始するのである。

オックスフォード学派(日常言語学派とも呼ばれる)を論じるにあたっても、この学派が戦後のアメリカ哲学に支配的な人工言語の構築にたいして、日常英語の使用に徹するというイギリス近世哲学の伝統に立つ自主性を示している点で、「民族的自主性の知的表現」とみなせると評価している。(14)

さらに、議論自体は「さまざまな概念の混乱を正すという一般理論的なものが大部分であるにもかかわらず、アカデミックな上下を着ない彼らの表現方法は、民衆全体のより明晰な志向を必要とする福祉国家の構造を反映させており」、この点で「インテリによって民衆一般のために書かれる哲学」という一面をもっていると述べるのである。そのうえで、日常の言語の使い方の分析という手法が、自己目的化した場合には、「現実の問題を積極的に解こうとするよりは、提出された既存の解決案を精査する、ということに終わる」という危険性も存在すると指摘する。とくに、日常言語の使用法の分析が哲学そのものとみなされると、エピゴーネンによって矮小化される可能性があることも彼は認めるが、にもかかわらず、一九六〇年代の時点でのオックスフォード学派には、社会と切り結ぶ問題意識をもった研究が存在していることを指摘し[15]、一面的な切捨てを戒めているのである。

とは言え、彼はその後、英米の哲学の動向を紹介するたぐいの論文を書くことを控えるようになる。というのも、現実の分析哲学の動向は、先に述べた（1）の方向へと傾き、「価値の選択における平等権（各人が自ら欲する選択をなしうること）」を尊重するということを、科学的に妥当性の根拠づけられたこと以外の発言や実践を禁欲するというかたちで表現しつつあったからである。これは当然、（2）の警世型の活動の否定につながる。市井はウィーン学団の初期のメンバーの一人ノイラートが、警世型の活動をおこなったことを、共感を込めて次のように記している。

彼（ノイラート）は、自らの社会的責任を遂行するためには、いつ完成するかも予測がつかないような検証度の数学的理論に夢をたくすよりは、一般大衆により直截に訴えるイソタイプ（国際図解言語）の研究に手をつけ、それを用いた『近代人の形成』なる社会的啓蒙書を第二次世界大戦直前に公刊した。……このような実践は、B・ラッセルの場合と同様に、彼の分析哲学的信念とまったく矛盾しないばかりか、それによってむしろ強化されていたのである。[16]（強調は引用者）

ノイラートの名は、わが国では「ノイラートの船」の比喩とともに知られている。それは、人間の活動は、陸上で一から設計図にもとづいて船を作るといったものではなく、すでに航海の途上にありながら、海上で乗船中の船を修理するようなものなのだという比喩のことである。市井もこの引用の直前の個所でそれに触れ、ノイラートの警世型の活動と結びつけて論じているのである。しかし、分析哲学の主流や日本での議論では、この比喩はもっぱら認識論的な意味で、つまり知識の生産と改訂を語る比喩としてのみ理解されている。イソタイプの研究との関連でノイラートを評価する議論は皆無に近いといってよいであろう。近年では、社会的認識論という、科学の制御に関心をもつ科学論を精力的に展開しているフラーが、ノイラートを市井とほぼ同じ観点から議論しているのが目に付く程度である。[17]

一九六三年に『哲学的分析』の出版のために書き下ろされた序章では、市井はよりはっきりと、自らの信じる「哲学的分析」の意義を語っている。分析哲学が意味分析に専心し、哲学の任務と諸科学のそれとの境界を設定しようとする「モンロー主義」を批判し、哲学の任務として、現実社会への「合目的介入」を究極的目的とすることを主張し、こう述べる。

> 「合目的介入」を究極的な目的意識としてもつかぎり、一方では諸科学の解明する事実や法則性を積極的に活用するのが当然であるだけではなく、また他方、既成の諸科学がまだ充分に開拓していない領域に問題性を見出し、そこでの事実検討や事実を捉え直す新しいカテゴリーの提案までも、哲学者が時には進んでおこなう必要に迫られる。[18]（強調は原文）

こうして、彼は自らの生きた日本社会の当時の状況を、哲学者が「時には」進んでおこなわねばならない「警世型」の活動の必要な時期と認識し、「知的協力のルール」を守り合う活動を通じて、「民族的自主性の知的表現」へと向かうのである。本書のほかの論文で明らかなように、このような市井の姿勢がポパーのそれ、つまり批判的合理主義と大枠で一致していることは理解してもらえるであろう。市井がラッセルの『西洋哲学史』と、ポパーの『歴史主義の貧困』を翻訳したのはある意味で当然のようにさえ思えるのである。しかし、最後の「民族的自主性の知的表現」という点で、ポパーと市井のあいだには微妙な距離感が生まれるのである。

3　伝統論に向けて

市井の生きた時代は、マルクス主義が思想として知識人に大きな影響力をもっていた時代であった。市井自身は、象牙の塔型の禁欲的な、そして実存主義と類似の外見を示すウィトゲンシュタイン的哲学ではなく、マルクス主義がもつ社会改革に積極的な警世型のラッセル的哲学を好む体質であった。そのような彼の体質を示す一文を紹介しておこう。中国がベトナムに越境攻撃をかけ、社会主義国のあいだの争いが社会主義に共感を寄せていた知識人に衝撃を与えたころの文章である。

……マルクス主義を国是とする国々の妙な関係が、日本の旧マルクス主義者達にひどい落胆を与えているのは一応わかるとしても、彼らはまだ何かを変革すれば地上にユートピアができるはずだ、と信じつづけたいのであろうか。

私はこの世のあるがままを、それでよいなどとは決して思っていない。なるようにしかならないさ、といった考え方には積極的に反対だ。だがこうこうすれば地上は天国と化する、といった信仰はとっくに棄てている。青少年時代に熱烈なクリスチャンとして悩みぬいたあと、わたしにはその種の悟りがきざし始めた。「夢よ、もう一度」と追いつづける人々の気持ちを、多少ロマンティックな要素をもつわたしにはわからぬでもない。だが、「いつも八方破れ。しかし少しずつ経験から学んで、少しは破れをつくろえるようになる」方がよい、と私は考えている。いや完全破れ、自他絶滅ということさえありうる時代だ。だからこそよけい、そう考えたい。(19)

「『いつも八方破れ。しかし少しずつ経験から学んで、少しは破れをつくろえるようになる』方がよい」とは実に市井らしい表現である。ここには、ポパーの社会工学（ピースミール・エンジニアリング）やノイラートの船と響き合うものがある。現状の社会の問題点を革命の炎によって浄化し、整地された大地に一から理想の王国を建設するといった発想を拒否し、まさに航海の最中に船の修理をするごとく、「破れをつくろう」のである。ポパーの言葉を引いておこう。

漸次的技術者（ピースミール・エンジニア）に特徴的な接近法は、次の点にある。すなわち彼は、「全体としての」社会に関するなんらかの理想――おそらくその一般的福祉といったこと――をいだいているかも知れないのだが、全体としての社会を設計しなおす方法があるとは信じない。自分の目的がなんであれ、彼はそれを小さいさまざまな調整や再調整――つねに改善してゆくことが可能な調整――によって、達成しようと努めるのである。……漸次的技術者はソクラテスのように、自分の知ることがいかに少ないかを知っている。彼はまた、われわれが自分たちの誤りを通じてのみ学びうる、ということを知っている。したがって、彼は、予期した結果を達成された結果と綿密に比較しながら、一歩また一歩と自分の道を歩み、どのような改革についても避けることのできない望まれざる諸帰結、というものにつねに注意を怠らない。(20)

市井はこのようなポパーの考え方を基本的に受け入れている。しかし、彼はポパーがある重要な問題を十分には論じていないことを指摘する。それは、「漸次的社会技術」を行使する人間的主体はどうなるのかという問題である。ポパー自身は、漸次的社会技術が成立するための最低限の社会的条件として民主主義の確立を挙げ、試行錯誤を通じての人間の進歩を可能にする人間的条件として風変わりな少数派であることの自由を挙げているが、市井はそのような分析では不十分だと指摘するのである。彼が問題にしたのは、「いったい誰がどのようにして『漸次的技術』を行使してゆけばいいのか（強調は引用者）」ということであった。[21]

このような立場から哲学的な試論として発表されたのが一連の「キー・パーソン論」である。そこでは、歴史を眺める二つの見方として、英雄史観とある種の決定論（マルクス主義的な唯物論的決定論を市井は念頭に置く）を斥けるかたちで、理論展開がなされる。彼が精魂こめて彫琢した議論を、あえて要約すれば、次のようなものである。人間は生まれたときに、自らの自然的条件や生まれ落ちた社会のさまざまな条件によって拘束された存在であって、絶対的な自由をもつ存在ではない。彼はこのような個人や社会を拘束する条件を「母体的諸条件」と呼び、それが歴史の進行に大きな規定力を発揮していることを認める。にもかかわらず、「母体的諸条件」が歴史の変化を一義的に決定するのではなく、ある特異な諸個人の主体的活動によって、歴史の歩みは大きく変わり得ることを主張するのである。このような特異な諸個人を彼は「キー・パーソン」と呼ぶのである。「母体的諸条件」によって相当程度キー・パーソンの自由度は制約されるが、「にもかかわらず、個人のレベルでの創意や選択、決断、行動の差異が時として巨視レベルでの、つまり歴史的な帰結のうえで大きい差異をもたらしうる（強調は原文）。[22]」このような理論的視座に立って、彼は明治維新期の日本の歴史の分析をおこなう。そこでは、たとえば坂本竜馬が重要な「キー・パーソン」として取り出されてくるのである。この議論の実際の歴史への適用はのちに『明治維新の哲学』に結実する。[23]

彼の論調は、当時知的影響力の強かったマルクス主義的唯物論を意識して展開されたために、また「多少ロマンティックな要素」をもつ彼の性格もあって、キー・パースンの主体性の内実が主観的決断の強調に傾いているようには思われる。彼の真の問題意識は、過去の歴史の評価にとどまるものではなく、そこから現代が何を学ぶかにあったのであろう。鶴見俊輔によれば、市井のキー・パースン論を生み出したのは、共産主義勢力と自由主義勢力とが共倒れになり、その破局に人類全体が巻き込まれるという切迫した問題意識にあったというが、おそらくその通りであったろう。[24]そのような現代という状況において、この破局を避けるために活動する諸個人が、どのように生まれ、どのように主体性を発揮するかというのが、彼の根本の問題意識であったように思われる。しかし、冷戦が終焉した現在においても、彼の取り組んだ問題は意味を失ってはいないであろう。ただ、彼が西洋的思想の根本にあると見ていた「実力主義」、「業績主義」というものが、かつて以上に公認のイデオロギーとなりつつある現在において、「キー・パースン」の出現の条件も変わってきているように思われる。と言うのも、いわゆる「業績主義」のシステムが完備し、個々人の能力や業績が精密に測定され、それにもとづく褒賞の配分がいきとどけばいきとどくほど、社会における人材の配分は権力を中心としたヒエラルキーに吸い寄せられていくからである。現代は、このような構造の進行によって、自らの出自たる共同体にたいする責任よりも、グローバルな業績評価システムに忠誠を誓う才人が増加する傾向にあるとも言えるのである。[25]つまり、市井の期待したようなキー・パースンの出現の可能性は、ある意味で小さくなりつつあるのかもしれないのである。

ともあれ、市井は『歴史の進歩とは何か』では漸次的技術による社会の「改良」の方向性についての議論を展開していく。[26]本稿ではこの議論を十分に論じる余裕はないが、これが歴史の進歩を支える価値理念の提唱という点で、本質的に進歩主義の擁護であることは確認しておきたい。この書では、西洋の進歩思想が歴史的に取り上げられ、そこに潜む西洋近代思想のパラドックスが摘出されていく。彼は、西洋の進歩思想の輝かしい理念が、現実にはその理念を裏切るような状態を引き起こしていったことを問題にする。たとえば、日本の知識人が好んで取り上げるフランス革命のスローガン「自由、平等、博愛」を考えてみよと言う。ヨーロッパでもイギリスでは「自由」に、フランスでは「平等」に力点を置いていたではないか。そしてどちらも、「博愛」の理念に本気では取り組んでこなかったではないか。しかも、「博愛」という理念の適用対象は、ある意味で御都合主義ではなかったか。カトリック教徒とプロテスタントの争いにおいて、お互いがお互いに博愛の理念を適用していたとはとても言えない。まして、文化的に大きく異なる人間にたいしては、奴隷制度を永らく容認したように、ヨーロッパは博愛の対象としての人間から除外してきたのではなかったか。

「自由」にしてもそうである。ロックに見られるように、「自由」の理念は、世襲特権ではなく、自らの理性や実力によって獲得されるものの保護（実力主義）を強調する理念だったのである。また、「平等」に関しては、経験的事実として、人間が身体的、精神的諸能力や素質の点で平等ではないのは明らかである。したがって、フランス啓蒙思想家は、人間の諸能力は後天的に平等ではなくなるのであって、先天的、潜在的には平等であると主張し、この実力主義に対抗しようとしたのだ、と市井は考える。そして、彼はフランス啓蒙主義の倫理的志向を評価しつつ、こう述べる。

そもそも人間の倫理的理想（理念）が現実とズレをみせる、などということはいまさらいうまでもなく古来わかりきっている。だが個々の人間におけるその種のズレとは関係なく、いかなる社会制度を考案すれば人間は社会的・群居的存在としてより望ましい状態になりうるか、という設問へヨーロッパ近代はいくつかの理念（哲学的理論）をかかげたはずなのである。ところがその諸理念が現実の社会でさまざまに立法化してきたにもかかわらず、予想された望ましい状態がなかなか実現しないとすれば、いったい何がまちがったのであろうか。[27]

彼はこれにたいして、「自由」と「平等」という両理念には、本来的に矛盾するものが含まれていると答えるのである。近代ヨーロッパにおける「自由」は、先進国内部においては強者が弱者を収奪する自由としてあらわれ、先進国とその他の国との関係においては植民地主義による収奪の自由としてあらわれた。彼はこのような「自由」や「平等」といった積極的理念（ポジティヴに当の尺度を上昇することを目指すような理念）を立てること自体に問題があると考え、新たな価値理念を提案することによって、歴史の進歩を正当に語ることを可能にしようとするのである。[28]その理念とは、「各人（科学的にホモ・サピエンスと認めうる各人）が責任を問われる必要のないことから受ける苦痛を、可能なかぎり減らさなければならない」というものである。彼はこの理念をまた「不条理な苦痛を減少させるべきである」とも言い換えている。

この理念がネガティヴな理念になっていることに注目すべきである。これは、彼がポジティヴな理念定立に伴う逆説を避けるための工夫であった。ここにポパーの影響をみてとることはたやすいことであろう。周知のように、ポパーは科学の進歩を測定する基準として、真理の蓄積というポジティヴな基準ではなく、誤りの排除というネガティヴな基準を提案していたからである。市井が、自らの提案する理念に「責任を問われる必要のない」という歴史的に変動することがありうる条件を付したのも、避けるべき苦痛の不条理さを、その時点での科学的検討の成果によって「さしあたり、暫定的に」確定するという、経験主義的発想が根底にあるからであった。この意味で、彼は本質的にポパー主義者であったといえると思う。

さらに付け加えるならば、彼は「不条理な苦痛を減少させよ」という理念をさまざまに論じるなかで、興味深い問題に触れている。先進国に生まれついた個人が、自分自身ではなく、自分の父祖たちがおこなった外地の収奪にたいして、個人的に責任を問うことができるかどうかという問題である。(29) それにたいして、市井は「俺の知ったことか」という反応にそれなりの理屈を認めつつ、足らないものを感じると言う。それは、人間がどのような条件かに生まれるかという問題は、個人の選択の問題ではなく、その意味で誰にも平等な不条理としてあらわれる。しかし、その不条理性を理由にして、「ただいま現在、不条理な苦痛をより多く負うているのはどちらの側であるのか。この問いを避けて通ることはできない」と述べる。そして、この問いを「避けては通れない」という規範意識をもつ個人が存在しなくなれば、人類の未来はおしまいだとも述べる。(30) このような規範意識をもつ個人こそがキー・パースン候補なのである。

こうして、キー・パースン論において、歴史の進歩を担う個人の主体性を問題にし、さらに歴史の進歩を測定する基準の検討を通じて、西洋近代の批判に進んだ市井が展開するのが、伝統論である。次節ではそれを検討し、そこにみられるポパー哲学の創造的かつ批判的受容の側面を考察することにする。

4　伝統論の形成

ここまでの論述で、市井が伝統論へと赴く理由はほぼ明らかになっていると思う。彼の哲学観からすれば、哲学の重要な使命のひとつとして「警世型」の活動があり、彼はそれに積極的にかかわる覚悟をもっていた。また、ポパー主義的な社会工学や「ノイラートの船」の実践的解釈から伺えるように、そして、キー・パースン論における「母体的諸条件」の拘束性の認識からもわかるとおり、さらに、西洋近代の理念にたいする批判を踏まえれば、彼の考える「警世型」の活動は西洋哲学の日本への適用というかたちにはなりようがなかったのである。しかし、同時に彼は哲学者としての「普遍主義」への志向をも備えていた。彼の伝統論によせる思いがあらわれた一文を引いておこう。江戸時代の革新思想の系譜を論じた『近世革新思想の系譜』に付されたまえがきである。

（本書で、江戸時代の日本に革新を目指す自立的精神の伝統があったことを）少しでもいまの日本人に知っていただきたいと思うのです。その理由は、いまの日本人が自立的な精神をとりもどすよすがにして欲しいからです。自分自身の経験が最大の教育になるのですが、それにつぐのは自分に近い者の経験です。遠い他人の精神に感動することは大切ですが、みずから（そして近い者）の経験に立たなくては、その感動は地に着かなくなりがちです。（改行）近代の西欧は、みずからの体験にもとづいて、自立精神を力説しました。だからその精神を身につけるためには、西欧近代をまねるにしくはない、などと考えるのはたいへんな間違いです。極東は西欧でない以上、極東で自立的になるためには、極東の体験（経験）に立たねばならないのです。[31]

これに付け加えて、彼は西欧の植民地主義がほぼ解消されつつありながらも、東西の冷戦構造の進展とともに、人類の破滅の可能性が生まれていた第二次世界大戦後の世界を、緊急に世界が一つに連帯する必要がある状態と考えていた。にもかかわらず、世界が先進国と後進国、あるいは近代的国家と伝統的国家（あるいは発展途上国）といったかたちの二元分類にもとづいた差別を残していることを糾弾する。このような二元的分類が歴史的には西洋によっておこなわれたものであり、これこそが世界をひとつにすることを妨げているのだと主張するのである。そして彼はみずからの基本姿勢をこう述べる。

世界が一つとなるためには、世界が多であること、つまり地球上の地域ごとの伝統が多岐にわたっていることを学ばねばならないとわたしは考える。個人のあいだの連帯が、たくましい個性をもつ諸個人のあいだでのみ、真の連帯となるのと同様に、人類の全世界的な連帯は、みずからの伝統に忠実であるとともに、互いに他の伝統を尊重する諸国民のあいだでのみ、真実のものとなりうるのだ。[32]

当時の大学紛争の影響もあって、言葉遣いにいささか気負った感じがあるが、諸地域の伝統への注目と、世界へと開かれた普遍主義への志向とを結びつけようとする意図が読み取れるはずである。普遍主義的立場から伝統論を展開するために、彼は伝統の一種の普遍図式を提示するのである。それは、「洋の東西を問わず、人間の歴史には《すぐれた伝統形成→形骸化→革新的再興》という共通したダイナミックスが、長期的に観察できる」[33]ということである。他方、彼は諸地域の歴史の進歩が諸地域固有の伝統をスプリングボードにしていることを主張する。

どのような新奇な観念も、たとえそれがどれほど独創的に見えようとも、なんらかの伝統をいわば跳躍台として生まれざるをえないし、またその新奇な要素が、古い伝統と密接な内的関連をつけて自らを正当化する何物か、として提示される場合にのみ、その要素は新しい伝統を「創造（出）」する可能性を獲得できるのである。[34]

このような視点のもと、ヨーロッパの近代科学が古代ギリシャの伝統の再生であると指摘され、ユダヤ教の革新から誕生し、のちに形骸化したカトリックにたいするプロテスタントの批判による伝統の再生を示したものとしてキリスト教の歴史が語られる。ここでも、ポパーが近代科学を、古代ギリシャのタレス以降のイオニア自然哲学において生まれた批判的討論の伝統が、十七世紀ヨーロッパで再興して継承されたものだと考える視点を市井が受け継いでいるのは明らかである。

しかし伝統の役割は市井にとって普遍的な現象であった。したがって、ヤスパースがＢＣ五世紀前後に中国やインド、ペルシャ、イスラエル、ギリシャなどで人間精神の覚醒における著しい平行現象が存在したことを指摘して、「枢軸時代」と呼んだことを市井は高く評価するとともに、ヤスパース自身やウェーバーが枢軸時代以後の西洋の歩みのみがその覚醒を維持し、再生しつづけたのにたいしてそれ以外の地域は形骸化した伝統主義に堕し、停滞を示していると指摘したことには、断固として反対するのである。このような視点を市井は西洋中心主義による偏見と指摘し、儒教における伝統再生の試みを提示し、また日本では江戸儒教の伝統の革新と再生の歴史を探ることになる。[35]そのうえで、市井は、人類がヤスパースの言う「枢軸時代」以後も、「根源的志向共通性」をもった伝統の再生と革新を各地でおこなってきたと主張し、その内実を、「キー・パーソン論」で展開した「社会のおのおのの成員が、自分の責任を問われる必要のない事柄から受ける苦痛を、できるだけ減らさねばならない」という価値理念であると考えたのである。[36]

このように見てきたとき、市井とポパーの影響関係はかなり明瞭であると思われる。市井は、ポパーの科学方法論に関しては基本的に賛成であると述べていたが、[37]彼自身はいわゆる反証主義の論理の詳細にかかわることはなく、むしろポパーのより基本的主張と思われる「科学の伝統論」を継承しているようである。「ソクラテス以前に戻れ」や「合理的な伝統論に向けて」といった論文で展開されたポパーの伝統論は、科学という知の営み自体が批判的討論を促進する伝統によって支えられているのであって、特定の個人の方法論的覚醒によるものではないことを主張している。[38]にもかかわらず、ポパーの伝統論はクーンのパラダイム論のようなかたちでの伝統への帰依を奨励するものではなく、絶えざる挑戦と革新を要求する点で、いわば一種の「永久革命論」的色彩をもっている。市井が繰り返し伝統の「革新」を強調するとき、そのポパー的エートスとの類似は明らかであろう。

他方、市井には科学の営みをも規制するような、社会の進歩を支える価値理念の提唱を目指す点で、ポパーよりはるかに倫理主義的な問題意識をもっているといえる。おそらく、ポパーの立場からすれば、科学の探究の自律性を脅かす社会からの介入はことごとく否定的に取り扱われるべきものであり、また科学の探究を可能にする自由社会こそがヨーロッパの伝統であるということになろう。しかし、市井はこの種の立論にヨーロッパ中心主義が潜んでいると考えていた節がある。次節で示すように、彼は、科学の研究は前述の価値理念によって方向づけられるべきだと述べているからである。

おそらく、ここに市井とポパーの一番先鋭な対立が潜んでいると思われる。植木哲也は「開かれた哲学が排除するもの」で、ポパー哲学に潜む西洋中心主義を鮮やかに摘出している。植木によれば、ポパーは一貫して、西側の社会はこれまでの人類が築き上げた最良の社会であることを主張し、一九九〇年代になっても、第三世界の飢餓問題や地球環境問題に関心を示さなかったという。あまつさえ、第三世界の窮状にたいしては、その国々の指導者たちをあまりに性急に、あまりに自由にしてしまったことが原因であり、幼稚園児を自由にしたのと同じだと述べているという。植木はポパー哲学が西側社会の擁護の論理と化しており、地球環境問題の大きな原因である西側社会の大量消費、大量廃棄型社会の問題性にほとんど感受性を示さなくなっているが、それが進化論的認識論によって擁護される構造になっていることを指摘する。そしてこの問題の根底には、理性的討論に参加しない人間にたいしてどう対応するかという問題にたいしては、暴力を容認するという、西洋合理主義のそしてポパーの批判的合理主義に潜むジレンマがあると主張している。
そのうえで、植木はポパー自身が最良の社会という認定のもとで西側社会の擁護を中核的命題とし、社会の開放性や多元性を修正可能な周辺部に置く構造の哲学を構築したとみなし、ポパー哲学の展開にはそれ以外の可能性があるのではないかと問いかけるのである。

たとえば、もしもドグマや権威への批判を最も重視し、開かれた世界の構築を批判的合理主義の核として守り続けるなら、このプログラムの展開はポパー自身の思索とは異なる方向に進むだろう。それは、たとえば、真理の絶対性を批判し、理性の限界を論じ、非西欧世界へ目を向け、多元性を積極的に評価する哲学になるかもしれない。それは、多くの点で、ポパー自身よりも、むしろポパーを批判した人々の見解に近い場合さえあるだろう。この意味で、ポパー批判もまたポパー・プログラムの可能な展開の一つといえるのである[39]。

私は、市井三郎の哲学がポパー哲学の批判的そしてポパー主義的継承であると考えている。市井の伝統論の強調や世界の多元性の擁護は、植木が述べるポパー哲学の「ポパー自身の思索とは異なる」展開の一例として、積極的な意味をもつものではないだろうか。
そしてこのような、ポパー哲学の批判的受容のもとで、市井はポパーとは異なる態度を科学技術にたいして取ることが可能になったのである。最後に、市井の科学技術にたいする見解を、大学改革論を論じた論文を手がかりに簡単に見ておこう。

5　科学技術批判――大学改革論との関係

一九七〇年に、日本哲学会のシンポジウムのために、市井は学会誌『哲学』に「大学改革の哲学的理念」という論文を寄せている。[40]彼自身断っているように、急いで書き上げられたものらしく、彼の論文のなかで必ずしもできのいいものとは言えない。やや論旨が散漫で、一部混乱している個所もあると言わざるを得ないが、そこで扱われている問題と、それにたいする市井の議論のなかには、いまもなお検討する価値のあるものが含まれている。一九七〇年ということでおわかりのように、大学紛争の時期であり、この論文はある意味で切迫した問題意識のもとに書かれたといえよう。

彼の論文は一般に、「基本姿勢」あるいは「問題の所在」と題された項目から開始されるのが通例であるが、この論文もそれを踏襲し、「何を問題にするか」という節から始まる。ここでは、高度工業化という「近代」のひとつの帰結を現実化するに至った諸社会において、高等教育なるものがいやおうなく直面させられている共通問題として、「民主化の進展による高等教育の拡大と、工業化の進展による科学技術の間断ない革新の関係」、「高等教育への政府の関与の拡大と学問・研究の自由の関係」、「近代が生み出した人間尊重の規範意識と工業化に伴う人間疎外の関係」、「全人類的課題の解決と工業化の問題」の四つが提示される。そして論文では、哲学的な根本問題によりかかわりの深い、三番目と四番目の問題を中心に論じると宣言される。

ここでは彼の論述を忠実に要約することは避け、注目すべき議論に限って論じることにしたい。

まず、「近代が生み出した人間尊重の規範意識と工業化に伴う人間疎外の関係」についてである。彼はロック由来の近代的理念にはある種の権威主義が存在するという。それは、知性や理性の能力には個人差があり、個々人の知性の差の存在は財の獲得の差として現われるという考え方である。したがって、有産者は自らの努力によって有産者となったがゆえに、政治に参加し得るのであり、政治的代表の選出母体を財力をもたない庶民に広げるべきではないという考えにつながった。このような理念が形骸化して実体化すると、容易に、政治に参加できない庶民は本来知性をもたぬものであり、公費による教育をする価値がない、という考え方にいたる。そしてこれにたいする挑戦が、二十世紀の大衆民主主義の進展とともに、デューイ、ラッセル、モンテッソーリから提起されたのだ。

しかし参政権の拡大に伴う大衆民主主義には厄介なパラドックスが存在する、と市井は言う。科学技術の進展に伴い、科学技術的問題が関与する社会的政策の決定にさいしては、専門家である科学者による決定を優先せざるを得ない。彼はこれを「少数決」と呼ぶ。つまり、少数の「科学」的専門家の権威を容認しなければならないということである。これは、政治的決定を人民の「多数」の名において決定しなければならないが、科学的真理は人民の多数決に委ねられない、という難問である。なぜなら、すべての現実の市民の要望が、「一般意志」なるものへと結集する保証（予定調和）はないからである。

ここに彼が提示する難問は、現代でも解決を見ていないというべきである。科学技術による新製品や新知識の生産速度は、市井の時代以降、いっそう高まっており、社会の側も科学技術が生み出す新製品や新知識を利用せんと待ち構えているからである。しかも、一方で科学技術はわれわれに利便性や生活の快適さを提供するが、他方、科学技術は広範な人々にさまざまなリスクをもたらす存在でもある。このような科学技術の生産物をどのように社会が利用していくか、そしてどのように拒否あるいは規制していくか、という問題群の検討に、誰が参加していくべきかは大きな難問である。一方に、恩恵とともにリスクを被る一般素人市民の参加を求める声があり、他方に、科学技術の専門的知識をもつ専門家を優先する考え方が対峙している。[41]これは難問である。確かに、市井が言う通り、「すべての現実の市民の要望が、『一般意志』なるものへと結集する保証（予定調和）はないからである。」

さらに彼はこの種の難問を、教育の場面で提示する。教育は旧世代の到達した合意を新世代に伝達するという機能を本質的に含んでいる。しかし市井は、旧世代から新世代へと一方的に伝達する根拠はどこにあるのか、と問うのである。ある世代の一般意思がかりに成立したとしても、次世代のそれと一致する保証はないではないか、というわけである。科学の知識でさえ、ポパー的な可謬主義を受け入れるとすれば、誤り得るものであり、次世代への一方的伝達の根拠は薄弱になる。したがって、せいぜい「少なくともわれわれの世代までは、これこれしかじかの討論を経ることによって、これらの知識を真理だと信じるにいたった。諸君が今後よりよい真理を発見してゆくためには、われわれの世代までのこの体験をまさしく知っておくことが必要なのだ[42]」という勧告程度しかできないではないか。そしてそのうえで、つねに旧世代の見解の否定と超克の可能性を許容することが重要だと主張するのである。

しかも、事実認識ではなく、価値判断をめぐる多数の既成観念や制度に関してであれば、旧世代から新世代への一方的伝達の根拠はますます薄弱になるのではないか、と市井は問いかける。そして人間の尊厳の尊重や理性的話し合いの強調といった近代的理念は、普遍的に妥当する価値であるがゆえに、一方的伝達が許されるのではないか、という反論にたいして、市井はこう答える。そもそも価値をめぐって、何が普遍的に妥当する価値かを決めること自体がきわめて困難であること、さらにいわゆる近代的価値が歴史的にはいかに骨抜きにされて適用され、悲惨な状況を生み出してきたかを考えるなら、この種の近代的価値を普遍的に妥当するとはとても言えない、と。市井は、抽象的な理念として考えるかぎりでは、近代的価値はもっともらしく見えるが、現実の適用の場面でさまざまな問題が生じ、悲惨な結果を生み出したのだと言いたいのである。彼は、セネカの「人間は人間にとって聖なるもの」という格率が、「人間」のなかに奴隷を含まないようにすることによって空文化したことを挙げる。ポパー的な語り口で言えば、価値理念の評価にさいしては、抽象的に価値を論じるのではなく、その価値の現実への適用を通じてどのような「意図せざる帰結」を産みだし得るかの考察を踏まえて論じるべきであるということになろう。彼は、この種の「意図せざる」しかも「不条理な」帰結がより生じにくい価値理念ほど、より「普遍的」とみなすことを提案するのである。当然予想されるように、市井は西洋の価値理念に問題があると考える立場であり、先に触れた「各人（科学的にホモ・サピエンスと認めうる各人）が責任を問われる必要のないことから受ける苦痛を、可能なかぎり減らさなければならない」をその候補として提示している。

最後に彼は、「全人類的課題の解決と工業化の問題」に触れる。当時の文脈において、彼が念頭においていた「全人類的課題」は、核による対峙を続ける東西の冷戦構造と、日本で深刻化していた公害問題である。彼は、明確にこう宣言する。「科学技術それ自体に内在する価値を信じ得た時代は終わりつつありながら、その進展を規制する哲学的理念は混迷している。（強調は原文）[43]」近代科学技術は不条理な苦痛の減少に貢献しながらも、同時にその種の苦痛を他方で大規模に増大させている。これは科学技術のパラドックスであり、今後の科学技術の進展は、このパラドックス性を減少させ、不条理な苦痛を減少させる方向に誘導されるべきである。この種の「主体的」誘導活動こそが、改革された大学での新しい哲学的理念のひとつである、と結ばれるのである。[44]

ここには、ポパーが科学に託した合理的な社会へ向けての解放的役割とは対極に立つ科学技術観が示されている。ポパーにとって、ナチズムにいたる非合理主義に抵抗する思想はアインシュタインに象徴される「科学的思考」であった。そしてこれは同時に、西側の社会を人類の到達した最良の社会と認定させる根拠でもあった。しかし、市井の場合には、西洋近代の価値理念はパラドックスを孕むものであり、批判されるべきものであった。彼の生きた時代の科学技術は、核兵器と公害問題を発生させるものでもあった。ポパーにとって、科学こそが合理主義への導きであったが、市井にとっては、西洋近代を批判的に考察したうえでの合理主義こそが科学技術を導くものでなければならなかったのである。

おわりに

本稿では、日本におけるポパー哲学の創造的受容の一例として、市井三郎の哲学を検討してみた。時間の制約と、なによりも私の能力の不足から、市井三郎の哲学を全体としてきちんと論じることはとてもできなかった。多くの、論じ残した問題があることも承知している。とくに、彼がその人生の後半において精力的に取り組んだ、日本近世の革新思想に関する議論や明治維新論に、立ち入ったかたちで論じることができていない。そのような作業をおこなうためには、彼の著作以後の、日本近世史研究や日本思想史の成果を踏まえる必要があるが、一介の科学哲学者である私の手には余る課題である。また、市井が魯迅などを議論し、中国の問題に関心をもっていたことは明らかであり、山田慶児や竹内好らの議論と切り結ぶ仕事をしているのだが、これも私のいまの能力を超えている。これと関連して、市井が中国の文化大革命に一定の共感と期待をしていたと思われるが、そのあたりについても論及できなかったことをお断りしなければならない。本稿は、このような限界のもと、ある種のメタ議論に終始せざるを得なかったことが残念である。

しかし、本稿が市井三郎を「日本」の「哲学者」として論じたということはわかってもらえると思う。「日本」のということの意味は、私が「思想の日本問題」と呼ぶ構造を市井が明確に意識した哲学者であったという主張を込めているということである。市井自身、日本社会に見られる思想の折衷という現象を、必ずしも低く評価せず、「いい意味の折衷」があり得ることを積極的に評価しているのである。彼の挙げる「いい意味の折衷」とは、いずれの思想も絶対化しないという意味での自他の相対化が主体的になされていること、そして自他の相対化をするための意識形態として普遍主義的志向をもつことを満足するものである。その一例として、彼が『西国立志編』の訳者として有名な中村敬宇を挙げている。市井は中村を西洋の書物の翻訳をしたから評価しているのではなく、明治七年にキリスト教の洗礼を受けながら、儒教を棄てたのではないと明言し続けたから評価するのである。市井によれば、中村は仏教も儒教もキリスト教も究極的には同じ真理を説いているのであり、たまたま当時の儒教が形骸化しているからキリスト教を受け入れたにすぎないという。市井はこれこそが「いい意味の折衷」の典型であり、自他の相対化をおこない、価値意識の点で東西文化の原理的両立可能性を志向していると評価する。[45] このような営みに見られる普遍志向を、私は「哲学者」という言葉にこめて論じたつもりである。

市井は明らかにポパー哲学の影響を受けている。しかし、彼はポパー哲学をも相対化し、さらなる普遍的な価値理念の創出に向けて努力したのであった。彼にそのようなことを可能にした理由はいくつもありうるし、またその理由を数え上げても、最終的には個人の思想の成立の秘密を解明することはできないことかもしれない。にもかかわらず本論で、私は、市井三郎の思想の成立の理由のひとつとして「思想の日本問題」を挙げた。私は、この問題が過去のものだとは思えないのである。なにも、西洋の哲学の輸入と解釈をやめろと言っているのではない。バランスの問題である。日本で養成される「哲学者」の圧倒的多数がその種の仕事に向かうのは、いささかバランスを失しているのではないかと考えるからである。

冒頭で述べた意味で中心文化的な、中国や十九世紀のヨーロッパ、二十世紀のアメリカでは、およそ「思想の日本問題」に対応するような「思想の中国問題」や「思想のヨーロッパ問題」、「思想のアメリカ問題」が生じそうにないように見える。しかし、このような問題が生じないことこそが、別の意味で「思想の中国問題」であり「思想のヨーロッパ問題」であり「思想のアメリカ問題」なのではないかという気もする。

ともあれ、現代は大学改革をめぐって、日本の哲学の意味が問われている時代でもある。「日本」の「哲学者」市井三郎が生涯をかけて取り組んだ哲学という営みに、われわれはまだ学ぶべきものがあるはずなのである。

（1）佐藤慎一『近代中国の知識人と文明』、東京大学出版会、一九九六年。このエピソードは序章で論じられているが、その提起する思想的課題は十九世紀後半に西洋とであった中国のみならず日本にとっても重いものである。

（2）平川祐弘『和魂洋才の系譜』河出書房新社、一九八〇年。平川はここで、「文化」という概念をどちらかといえば中立的な記述概念として用いている。歴史的には、少なくとも十九世紀において「文明」という概念は、英仏に典型的に見られる普遍主義的、拡張主義的理念であり、ある意味でキリスト教の普遍主義の世俗版という側面をもつ。他方、「文化」概念は、ヨーロッパの後進国であったドイツに典型的に見られるように、「文明」の普遍主義に対抗して打ち出された、民族の精神や個性を重視する、特殊主義的方向を表現するものとして現われたといえる。日本の「文明開化」路線における「文明」は当然のことながら、このような文脈で理解すべき概念である。

（3）同書、四九ページ。この差異が、先に触れた不平等条約にたいする日本と中国の対応の違いを説明する。
（4）加藤周一「日本文化の雑種性」、加藤周一著作集第七巻、平凡社、一九七九年、所収。初出は一九五五年。
（5）加藤周一「雑種的日本文化の希望」、同著作集第七巻、平凡社、一九七九年、所収、三八―三九ページ。初出は一九五五年。
（6）加藤周一「近代日本の文明史的位置」、同著作集第七巻、一九七九年、平凡社、所収、六九―七〇ページ。初出は一九五七年。
（7）宗像惠「近年の大学改革と哲学教師の仕事」『哲学』日本哲学会編、法政大学出版局、二〇〇〇年、所収。これは、近年の大学改革における哲学の果たした役割について冷静かつ反省的に分析し、それにもとづいて、現代の日本において哲学という知的営みをどのように再生させるべきかを描く誠実な、そして切実な論考である。ちなみに、本論の主題である市井三郎も一九七〇年に、同じく日本哲学会で「大学改革と『近代的』価値理念の超克」という論文を発表している。戦後から五〇年、市井論文から三〇年、その間に何が蓄積され、深められ、継承されたのであろうか。
（8）市井博子「市井三郎・年譜」、鶴見俊輔・花田圭介編『市民の論理学者　市井三郎』思想の科学社、一九九一年、所収
（9）荻野富士夫「市井三郎の歴史観」同書所収。
（10）市井三郎『哲学的分析』岩波書店、一九六三年、iiiページ。
（11）坂本百大「三〇周年記念資料集発刊にあたり雑感」、『日本科学哲学会三〇年の歩み』、日本科学哲学会編、一九九七年。
（12）市井前掲書、第三部第一章「分析哲学の史的展望」。
（13）同書、一九七ページ。
（14）同書、第三部第二章「オックスフォード学派の非形式論理学」。この学派の営みを「民族的自主性の知的表現」という言い方で評価した例はあまりないと思われる。少なくとも日本の哲学界はこのような視点をもち得なかったと思う。市井が「キーパースン論」を展開し始めたとき、おそらく日本の「民族的自主性の知的表現」を目指していた

のではなかろうか。彼は哲学の普遍主義的性格を肯定したうえで、しかもなお「民族的自主性」の契機が存在することを確信していたようである。

(15) 同書、二六三ページ。ここで挙げられているのは、トゥールミンやハンソンの科学論であり、ドレイやウォルシュの歴史哲学などである。もっとも、日本では市井の留保とは逆に、ここに挙げられているような成果がこの学派を代表するものとはみなされてこなかったように思う。その意味で、植木哲也が、市井三郎が分析哲学の主流と袂を分かちつつ進んでいった方向が、ファイヤアーベントらの新科学哲学と問題意識を共有している点で、ある種の国際的潮流と共振していることを指摘し、哲学の「専門家主義」と「問題意識主義」の関係という、基本的な問題の考察の必要性を主張している点に、私は賛成する。(植木哲也「『哲学的分析』」、鶴見俊輔・花田圭介編、前掲書所収)

(16) 同書、二二七ページ。

(17) Steve Fuller "Toward a Philosophy of Science Accounting: A Critical Rendering of Instrumental Rationality" in *Science in Context* 7, 3 (1994) この論文では、マッハの科学哲学が社会啓蒙という警世型の活動と不可分の営みであり、ノイラートはその衣鉢を継ぐものであることが論じられている。フラーの社会的認識論に関しては、スティーヴ・フラー(小林傳司他訳)『科学が問われている――ソーシャル・エピステモロジー』産業図書、二〇〇〇年を参照。また市井によれば、ノイラートのイソタイプの紹介は大江精三が「思想の科学」誌上で一九四〇年代におこなっているという。前注の市井の本文に付された注を参照。

(18) 市井前掲書、八ページ。

(19) 鶴見俊輔・花田圭介編、前掲書、二六七ページ。初出は、朝日新聞のコラム「日記から」一九七九年六月五日。

(20) カール・ポパー(久野収、市井三郎訳)『歴史主義の貧困』、中央公論社、一九六一年。一〇六ページ。

(21) 同書、訳者あとがき、二五三ページ。

(22) 前掲『哲学的分析』、三六ページ。

(23) 『明治維新の哲学』講談社現代新書、一九六七年。

(24) 鶴見俊輔「哲学者市井三郎の冒険」、鶴見俊輔・花田圭介編、前掲書所収。

(25) このような視点から、現代社会における知識人の責任を論じたものとして、クリストファー・ラッシュ(森下伸也訳）『エリートの反逆——現代民主主義の病い』新曜社、一九九七年がある。
(26) 前掲『哲学的分析』第1部の諸論文の他に、『近代への哲学的考察』れんが書房、一九七二年などを参照。『歴史の進歩とはなにか』岩波書店、一九七一年。
(27)『歴史の進歩とはなにか』、一三〇ページ。
(28) この発想と類似のものとして思い浮かぶのは、幕末に西洋思想と格闘した横井小楠である。横井もヨーロッパの当時の経済学や哲学といった学問が人間社会の福利の向上に用いられており、「聖人の道」に似ているとまで評価しつつ、植民地におけるヨーロッパの振る舞いを批判し、その根本が狂っており、本当の意味での「仁心」がないことを指摘した。横井の場合には、儒教的理念にもとづくヨーロッパ近代の批判という構造であるが、市井との発想のパタンの類似は注目されてよいであろう。松浦玲『横井小楠（増補版）』朝日新聞社、二〇〇〇年、第7章「大義を世界に」および、増補2「アジア型近代の模索」などを参照。
(29) この問題が、一九九〇年代の日本において、加藤典洋の『敗戦後論』講談社、一九九七年をめぐっておこなわれている論議と通底していることは指摘しておくべきであろう。
(30) 前掲、市井『歴史の進歩とはなにか』、二〇九ページ。
(31)『近世革新思想の系譜』、日本放送出版協会、一九八〇年。
(32)『伝統的革新思想論』、平凡社、一九七二年、一〇ページ。
(33) 前掲、市井『歴史の進歩とはなにか』、一四五ページ。
(34) 前掲、市井『伝統的革新思想論』、一八ページ。
(35) 伝統思想の革新を試みた人物として彼が取り上げたのは、日本ではたとえば、山県大弐や、吉田松陰であり、中国では魯迅や章炳麟である。また、彼が編集委員として参加した、講談社の叢書「人類の知的遺産」シリーズでは、従来の日本のこの種のシリーズと比べると多くの非西洋の思想家が取り上げられていることに気づく。古代においてもギリシャ哲学者以外にインドや中国の思想家が取り上げられており、近代・現代でも黄宗羲、ラーマ・クリシュナ、ケア・ハーディー、タゴール、孫文、ガンディー、魯迅、フランツ・ファノンなど、類似の叢書では稀にしか取り上げられない思想家が含まれている。市井のみの影響と言うわけにはいかないが、この叢書の稀に見る人選には、なんらかの影響を彼が及ぼしたのではないかと思われる。

(36) 同書、第一部第一章。

(37) 前掲、市井『哲学的分析』、二六八ページ。

(38) ポパー（藤本隆志、石垣壽郎、森博訳）『推測と反駁』、法政大学出版局、一九八〇年、所収。

(39) 植木哲也「開かれた哲学が排除するもの」日本ポパー哲学研究会編『批判的合理主義』第二巻応用的諸問題、未來社、近刊、所収。未公刊の原稿を利用させていただいたことを植木哲也氏にお礼申し上げる。本来、出版後に引用もするべきであるが、論述の都合上、植木氏の論文が必須と思われたので、このようなかたちで取り上げさせていただいた。私自身は、植木氏の分析と問題提起がきわめて重要なものであると信じている。氏の論文もまた、ポパー哲学の批判的そしてポパー主義的な継承の一例と考える。

(40) 前掲、『近代への哲学的考察』所収。

(41) このような問題について論じたものとして、小林傳司「拡大されたピアレビューの可能性——『コンセンサス会議』の事例」、「STS Yearboo. 97」（STS NETWORK JAPAN）一九九七年や、小林傳司「『コンセンサス会議』という実験」、「科学」一九九九年三月号、Vol. 69, No. 3 を参照。

(42) 前掲、『近代への哲学的考察』、九六ページ。

(43) 同書、一〇一ページ。

(44) もちろん、当時の大学改革論議は市井の期待した方向には進まなかった。そしていま、問題が新たに生じたかのように、大学改革論議が生まれている。そして、いま現在の大学改革論議においても、哲学者が「主体的誘導」という警世型の活動に乗り出す気配はあまりなさそうである。私自身は、科学技術の問題に絡めて、ささやかな大学論を試みたことがあるので、参照されたい。小林傳司「専門家と大学教育——私語をするのは誰か」、「社会と倫理」第7号一九九九年、および小林傳司「科学論とポパー哲学の可能性」、日本ポパー哲学研究会編『批判的合理主義』第一巻基本的諸問題、未來社、近刊、所収。

(45) 市井、前掲『近世革新思想の系譜』、第二一章。

人名索引

ア行

カ行

サ行

タ行

ナ行

ハ行

マ行

事項索引

サ行

タ行

ナ行

ハ行

マ行

ヤ行

ラ行

執筆者紹介（執筆順）

小河原　誠（こがわら・まこと）
1947年　日立市生まれ
1975年　東北大学大学院文学研究科博士課程退学
現在　鹿児島大学法文学部教授（現代思想論）
【著作】『討論的理性批判の冒険』（未來社）、『読み書きの技法』（ちくま新書）、『ポパー　批判的合理主義』（講談社）
【翻訳】カール・R・ポパー『開かれた社会とその敵』（共訳、未來社）、W・W・バートリー『ウィトゲンシュタインと同性愛』（未來社）、他
蔭山　泰之（かげやま・やすゆき）
1961年　東京生まれ
1988年　東京大学大学院理学系研究科修士課程修了
現在　コンピュータ・メーカー勤務
【翻訳】カール・R・ポパー『よりよき世界を求めて』（共訳、未來社）
立花　希一（たちばな・きいち）
1952年　東京生まれ
1984年　筑波大学大学院博士課程哲学・思想研究科哲学専攻単位取得満期退学
現在　秋田大学教育文化学部教授　欧米文化講座（現代思想論）
【著作】「ポパーの反証主義の背景としてのマイモニデスの否定神学」、「『批判的合理主義』再考」、他
【翻訳】I・ラカトシュ、A・マスグレーヴ編『批判と知識の成長』（共訳、木鐸社）
萩原　能久（はぎわら・よしひさ）
1956年　大阪生まれ
1987年　慶應義塾大学大学院法学研究科政治学専攻博士課程修了
現在　慶應義塾大学法学部教授（政治哲学）
【著作】『国家の解剖学』（共著、1994、日本評論社）、「ラビリンスワールドの政治学1〜12」（『法学セミナー』1995.4〜96.4、日本評論社）、『政治哲学入門』（1999、慶應義塾大学通信教育部）
【翻訳】ハンス・アルバート『批判的理性論考』（1985、御茶の水書房）
小林　傳司（こばやし・ただし）
1954年　京都生まれ
1983年　東京大学大学院理学系研究科科学史・科学基礎論博士課程修了
現在　南山大学人文学部教授（科学論）
【著作】科学見直し叢書第4巻『科学とは何だろうか』（共著、木鐸社）、『科学論の名著』（共著、中公新書）、『科学を考える』（共著，北大路書房）他
【翻訳】ラカトシュ『方法の擁護』（共訳、新曜社）、J・パラディス、G・C・ウィリアムス編『進化と倫理』（共訳、産業図書）、ドゥ・メイ『認知科学とパラダイム論』（共訳、産業図書）、フラー『科学が問われている』（共訳，産業図書）他

批判と挑戦——ポパー哲学の継承と発展にむけて

二〇〇〇年九月二〇日　初版第一刷発行

定　価——本体二二〇〇円＋税

編書©——小河原誠

発行者——西谷能英

発行所——株式会社　未來社

東京都文京区小石川三-七-二

振替　〇〇一七〇-三-八七三八五

電話・(03) 3814-5521〜4

http://www.miraisha.co.jp/

Email: info@miraisha.co.jp

印刷・製本——萩原印刷

ISBN 4-624-01153-8 C0010

（消費税別）

カール・ポパー著／内田詔夫・小河原誠訳

開かれた社会とその敵　第一部

〔プラトンの呪文〕文明を打倒し部族的生活へもどそうとする全体主義的反動をきびしく批判し、呪術的な「閉ざされた社会」の根を文明の誕生の時から把え直そうとこころみる。　四二〇〇円

カール・ポパー著／内田詔夫・小河原誠訳

開かれた社会とその敵　第二部

〔予言の大潮——ヘーゲル、マルクスとその余波〕文明そのものと同じくらい古く、同じくらい新しい全体主義的志向の現れをヘーゲル、マルクスの歴史決定論に把え批判した大著。　四二〇〇円

カール・ポパー著／小河原誠・蔭山泰之訳

よりよき世界を求めて

批判的合理主義の巨人の思想をコンパクトに示した16の講演・エッセイ集。知識について、歴史について、その他の主題をめぐるポパー思想の形成と発展を如実に示す思想的自伝。　三八〇〇円

カール・ポパー著／ポパー哲学研究会訳

フレームワークの神話

〔科学と合理性の擁護〕ポパーはパラダイム論やフランクフルト学派をフレームワーク（準拠枠）の神話に拠るものと批判し、科学の合理性を擁護する。社会科学の方法をめぐる論文集。　三八〇〇円

小河原誠著

討論的理性批判の冒険

〔ポパー哲学の新展開〕ポパー思想の核心としての批判的合理主義をはじめポパー学派の思考の可能性を、その内部批判や外部との方法論争における展開において探究する意欲作。　三二〇〇円

長尾龍一・河上倫逸編

開かれた社会の哲学

〔カール・ポパーと現代〕九二年の京都賞受賞を機に来日した今世紀最後の大思想家ポパー。その時の記念講演とともに、十五人の研究者がポパー思想の今日的意義を分析・検証する。　二五〇〇円